單讀 One-way Street

LIMA DREAM

When a Chinese
Wanders into an Election

利马之梦

→ 晓宇的
拉美笔记

吕晓宇 著

上海文艺出版社
Shanghai Literature & Art Publishing House

目录

序　恢宏的世界正在坍缩　001

我们第三世界还有人情在　031
真正的魔幻现实主义　041
你知道我在中国见谁了　055
独生子女　061
一次赌博　083
二手政要　093
前所未有的游行　105
Isn't it beautiful?　155
流亡　167
小偷、醉汉和泳池夜话　179
别忘了他是总统　191
胜负　205
最后的革命与贵族　217

尾声　后现场　229

→ 序

恢宏的世界正在坍缩

志业危机

那段时间,我正好陷入个体危机。看上去,一切都在按照计划顺利进行。牛津政治学硕士毕业,拿到博士奖学金,未来三年生计不用发愁,接下来的夏天准备结婚。偏偏这个时候,我开始失眠。博士前,没体验过失眠或脱发的苦,睡眠一贯很好,挨枕即眠,原本以为多出来几个小时未尝不好,但脑子浑浑噩噩,什么也做不了。夜晚听到教堂整点报像丧钟,一下子,被折腾得心情烦躁。到系里一问,发现多数人睡眠不佳，都在经历"四分之一人生的危机"（quarter-life crisis）。也是这时候，开始痛饮咖啡，撑起研究日常。别说思想独立，连咖啡独立都没法实现，要是咖啡断货，学术就要进入大萧条了。

我清楚这场危机的根源，是对曾经作为信仰的职业学术，产生了不可逆转的怀疑。读博前，我确信走学术道路，倒不是因为路径依赖渴望象牙塔。我清楚地明白，把读书写作当生计是一项罕见的特权。这种特权，不均质地分布在地域和代际。我们上一代人没这样的选择，即便落在知识生产的位置上，也难说是个人自由意志的结果。这一代碰上好时候，加上一连串巧合机遇，才有了可选择的机会。我对这一切从头到尾地清楚，于是秉承"先拿到了再决定心意"的原则。面对还没得到又要艰难得到的东西，太容易发明"其实那不是真心想要"的借口。

牛津政治学博士生的录取，二十四岁时正式得到，似乎能确信自己对学术的心意了。它揭开"无知之幕"（Veil of ignorance）[1]，一清二楚地展现了所谓

---

[1] 无知之幕是政治哲学家约翰·罗尔斯（John Rawls）提出的思想实验，说的是决定社会制度前，应该确保人们是在无知的幕布后面，对自己的社会处境、身份地位和资源一概不知，如此才能保证设计的制度对每个人是公平的。

"知识生产顶端"的图景。在被录取之前，所有的不安，都能找到一个终极出口：或许只是自己所处的小环境有问题，等到了理想环境，这一切就不同了。到了牛津，就没了这样的终极出口，你看到的，可能就是所及范围的最好。然而，青年学者朝不保夕，边缘、游离、绝望之感，不比他们研究的群体少。学术市场僧多粥少，稳定工作昙花一现，大家准备着毕业转行或接受临时合同，没人愿意在对前途无益的事上花时间。理论焦虑，方法焦虑，同行们一会儿补编程建模，一会儿补欧陆新论调。一夜之间，研究都要"跨"和"混"——跨界，跨学科，混方法。系里教授说，十年前，牛剑或藤校毕业生没发表过论文，尚且能谋到教职，现在则不可想，身为学科期刊的主编，他每月审稿，"就像是在山峰上，拿着机关枪向涌来的论文不停扫射"。

我们正是被打成筛子的这群人。当然，至少还有冲锋的机会，连壮烈牺牲也是要争取的权利。我感到无尽的疲乏无趣，每到晚饭时间，像打卡下班的工人，急匆匆骑车回家，拿起小说来消遣，如果是文学系博士生，恐怕连这个消遣也没有了。体制化的竞争，还不是最烦心的。让我畏惧的是求知欲的与日俱减："世界"在远去，"参与"在消失。

英国作为异域，曾经提供了活跃思想的阵地和前线。人在他乡，把自己变成他者，感知触觉变得敏锐。可过了四五年，新鲜感消失殆尽，我近乎两三年没写过论文之外的东西了。有一回，罗杰·斯克鲁顿（Roger Scruton）[1]在台上谈英国传统和身份，我便在台下想，现在哪有人来英国是为了它的传统。英国的独特之处，不就在于它是"世界会所"？你要想了解地图上的任意一个国家地区，都能在这儿找到线索。毕竟英国也是收留过马克思和孙中山的地方。与其说道德包容，不如说是满不在乎的精神，管你是哪里人，只要不是来颠覆英国上层阶级的就行。

我想扩大自己研究的地域，追寻全球兴起的民粹主义。系里说，你要不然跑数据，要不然做点与中国相关的。我说，这就是对东亚学者的限制框架。对方说，那你怎么说服别人，你比中东拉美的学生更适合做他们的地区？要不然，你就去做中非或者中国与全球秩序这些"热点"。我一听到"热点""可发表""找教职"，头皮就阵阵发麻。系里劝我缩短田野时间，想想三年奖学金后怎么自力更生：别花时间去

---

[1] 罗杰·斯克鲁顿（1944—2020），英国保守主义哲学家，1982—2001年间担任保守派杂志《索尔兹伯里评论》（*The Salisbury Review*）编辑。

写社评，那是留给本科毕业的记者的；也别写政策报告，那是留给硕士肄业的分析师的。

总而言之，我原本想的那个待探索的恢宏世界正在坍塌和缩小。

我不愿做本国政治，又往人类学的方向走，已成了政治系头疼的"问题学生"，要是再说想公共参与，就明摆着不想好好读博了。政治学理应有公共性，和实践走得近，不用像人类学、社会学，想要介入，还要在前面加上"公共"两字。现实中呢，政治学和实践参与渐行渐远。面对政治学不搞政治的质疑，有学者狡猾地回答，这好比问肿瘤外科手术医生，为什么他们不是肿瘤。

把政治学家比作诊断者，与其说是机智敏锐，不如说是落荒而逃。政治科学不像医学提供治疗方案，不拥有匹配的专业权威。我更反对把面向公众的政治实践作为疾病的比喻。社会学科没办法置身事外，看热闹似的评价社会，幻想着把它治愈。社会，从根本上拒绝成为客体和对象。我们不可避免地身处其中，也就是我们声称要去研究的对象之中。客观中立，不是说独立主体之外有超然规律，对社会来说，客观性在于经久的对话，提出新的现实，要吵架，要反驳，要有摩擦的空间，客观性才能从这样的缝隙里长出来。

静默里是没有真理的。

如果不置身事外,那么下一步就要决断观察和介入的边界。青年学者到了这个节点,会被甩来一本书,马克斯·韦伯(Max Weber)的《学术作为一种志业》,含泪一饮再饮的学术鸡汤。里面说,学术生涯是一场鲁莽的赌博,要在学界找到一席之地,既需要自欺欺人的狂热和必要的灵感,还要明白它和终极关怀无关。介入世界观和政治意见的斗争,最好是去"外面",到大街和集会上,扮演领袖和先知[1]。韦伯狠狠地给参与的冲动泼了一盆冷水。可是,韦伯早年卷入政治,加入福音派代表大会,一战前组织左翼政党,巴黎和会时是德国代表团成员,魏玛共和国时是宪法起草委员会的顾问。

我没觉得上了韦伯的当。忠于事实和科学的学者,热情解决公共问题的政客,这样的分裂情有可原。身份越多,扣上的帽子也越多。转换起来,岂能是换顶帽子般容易。要是说,这些帽子下的脑袋是一个,把人作为完整个体来把握,就要冒大的风险。一个领域的失足,另一个领域积累的名望成就也可能随之崩

---

[1] 马克斯·韦伯:《学术与政治》,生活·读书·新知三联书店,1998。

塌。做切割，无非是希望保全一部分自我。20世纪50年代，身在大陆的法学家周鲠生托人带话给胡适，说批判胡适的运动，"对他的思想，不是对他个人"。胡适批注说，"除了思想之外，什么是我"[1]。作为学者，要是把自己行动的后果不计入思想，那思想又谈何是个人的。要是把思想和参与视作整体，任何部分不能分割，那么这些零散的部分，就要一起承担责任，还要回答，到底有没有贯穿始终的一致性。

这样的一致性，不是诞生在当时，而是之后的生产。学者的逻辑，书写的叙事，是后置回想式的。能写下来的，一定是既已过去的事件和念头。看似朝向未来的文本、研究计划或是政策预测，也要追溯文献，解释兴趣、判断的来源和依据，从过去的坟墓里发掘出给到未来的名分。总而言之，要创造出一个"连贯的叙事"，证明这不是心血来潮和空穴来风。随机不被容忍，特别要排除那些没有时间感、突然冒出、不着边际的想法。

那么困扰我的矛盾出现了。一方面，要承认行动和思想的模糊边界，把它们视作整体，一处塌了，另

---

[1] 沈卫威：《自由守望：胡适派文人引论》，上海文艺出版社，1997，第404页。

一处也守不住。另一方面，行动、思想的边界消失后，不存在"统一"它们的叙事，不存在对整体的"总结"。它们像是摆脱了物理规律控制的粒子。看上去的连贯一致，只是我们在事后的再加工。习惯后置式书写的人，碰上了不能理论概括也不能简化的对象，就像终极怪兽，擅长用于他者和客体的手段，到了自身都宣告无效了。

差不多是我睡不着又对学术失去耐心的时候，有了去秘鲁参与大选的机会。邀请来得意外。我之后发现，"意外"逐渐成为人生诸多遭遇的共同起点。我没怎么犹豫，接受了邀请，于是有了这本小书。

一是，我想亲眼看看，政治学讨论了那么久的拉美政治，到底是什么样子。政治学喜欢用拉美国家的例子，大部分国家独立早，19世纪时已是主权国家，进入了民族国家（nation-state）的分类。20世纪经历了跌宕起伏的政治转型：军人政府，左右意识形态轮替，总统制、议会制之争，依附理论，发展主义，中等收入陷阱，"第三波民主化浪潮"，遍地都是样本。政治学中为数不多的让我牢记的参考书，就有阿根廷政治学家吉列尔莫·奥唐奈（Guillermo O'Donnell）[1]的小册子：《威权统治的转型：关于不确定民主的试探性结论》。那本书还有一股别样气息。它像送给当权者和反抗者的指导手册，不满足于给现实提供解释，而要以知识分子的姿态，介入当时的政治发展。70年代，奥唐奈放弃哈佛大学教职，回到阿根廷，他的博士论文因提前发表，不能算毕业作品，多年后才从耶鲁拿到学位。书中袒露一股子热忱，没把拉美仅视作案例，没隐晦自己的立场；与此同时，清醒地拒绝把立场作为预设或沽名钓誉的手段。相比之下，当下政治学，充满把立场包裹在学术语言中的蹩脚，迫不及待地想要引起当权者注意的"现实关怀"。去往拉美，就像是回到政治学的黄金时代，看一眼激起知识爆发的土地，现在的政治情景是怎么样的。

其二，我想结果再糟，也可把拉美之行当作散心。邀我去的是本科期间的好友田麒。我们在想象力自由浮动的时候相识，毕业后没怎么见。大胆的时候，就那么几年，经过了社会一捶，大胆就容易变成

---

[1] 吉列尔莫·奥唐奈（1936—2011），阿根廷政治学家，以研究威权政府和民主化闻名，曾在阿根廷、巴西和美国任教，担任国际政治学学会主席，代表作有《现代化和官僚威权主义：南美政治研究》等。

圆滑或愤世嫉俗。敢想敢做是有保质期的。我们当时在大学搞社团，觉得没什么做不了，毕业后说要"曲线救国"，这一曲线，就各自歪倒在泥潭般的生活里去了。俾斯麦说，政治是可能性的艺术。政治在可能的边界中进行，才能成为现实。但也可以这么理解：政治要创造出可能，把不可想的变成现实。我们那阵子都进入了可能性的衰竭。田麒毕业后游走，东碰西撞，没决定去读书还是在"外面"晃着，在美国大选中做了志愿者，跟着认识的竞选团队转去拉美。我到了才知道，拉美政坛的选举雇用了美国团队做"选举外包"，同来的加州女孩，也是我们同学，会说西语，可待了没多久，就嫌弃地离开了，只剩田麒一人，由摄影师摇身一变成了社交媒体策略顾问，处理照相、修图、海报发布等一系列杂役。

我想他要急迫地抓紧机会，做最后一跳，跳过去看是不是有新的可能。我们早把回国进入政界排除在选项之外，相信新的政治可能在海外，诞生在边缘地带和脆弱环节里。可是现在尝了苦头，无法在各自的圈子直抒胸臆，连吐槽也需要同伴。如果说我们有什么一直以来的共同点，那就是对层级和建制的疏离。况且，田麒是一个好旅伴，不怎么挑，对乱七八糟的事情保持好奇、愿意尝试，我们在苏格兰高地的荒芜中,也总能玩出点花样。他说,你来了喝酒就行,当作你结婚前的最后一个假期,至于工作上公共关系的事,谁不能做?把你的头衔带来就行。

我想也是。

文本的纠缠

在德国过了圣诞,回英国吃火锅过了春节,一转眼就要出发了。

我把博士候选人的资格考准备得差不多了。这意味着,我对课题失去了兴趣,再看不下去文献。落地秘鲁首都利马前,我不清楚到了住哪儿,连田麒的电话也没有,只给他发去了抵达的航班时间。现在想来,真是什么都没准备。仅是查了天气,背了双肩包,连《孤独星球》的旅游册子,也是到了以后从田麒房间顺来的。但是出发的时候,我信心满满,收罗了秘鲁的文献,自认脑子里有了储备,去拉美研究的讲座也能说出一二。

面临学术职业的危机,却没有改变"文本至上"

的习惯。了解新事物，首先寻找文本和思想权威，以此作为认识基础。把文本作为中介，是学术训练内化的习惯。直接的经验，是有待总结的碎片。在此之前，它们偏颇且可疑。文本，可以用来质疑经验。反过来，文本的推翻则需要文本，需要另一套语言和规范。即便收集丰富经验的研究，田野之后，也要"回到文本"，想方设法，把经验嵌入到理论框架之中。

文本提供解释，解释带来稳定和安全的感受。在此之中，什么都情有可原。人类学家E.E.埃文思-普理查德（Edward Evan Evans-Pritchard）[1]写到非洲阿赞德人的巫术，举过一个经典例子：夏天，人们在粮仓下乘凉，白蚁侵蚀粮仓，致其倒塌，压死乘凉人。阿赞德人说这是巫术，他问，难道不是因为白蚁倒塌吗？阿赞德人说，没错，但白蚁侵蚀不能解释，为什么恰是那人乘凉时，粮仓垮了。我们称之为科学的系统，也只能解释倒塌的现象，要解释个体遭遇，就要用到"偶然""运气""命运"这一系列的词汇了。用铁律道理的解释，没法获得精神上的接受。我们需要

---

[1] E.E.埃文思-普理查德（1902—1973），英国人类学家，1946—1970年在牛津大学任社会人类学教授，著有《阿赞德人的巫术、神谕和魔法》（北京：商务印书馆，2006）、《努尔人：对一个尼罗特人群生活方式和政治制度的描述》（北京：商务印书馆，2014）。这个例子出自《阿赞德人的巫术、神谕和魔法》。

解释，去填补信仰体系的"漏洞"。巫术正是对人生无法释怀之事做出回应，文本也像是学术体系的神谕。

对文本的依赖，即是对解释性和确定感的追求。身处危机之中又没法与学术决裂，恐怕也是因为来之不易的确定感。抛弃了解释生活的能力，从高地跌下，跌入认识的深渊黑洞，否定知识系统的根基，比换一个意义符号活下去更难。把每日小说消遣换成秘鲁研究后，我便在不停地积攒如此的稳定感。建立"秘鲁"标签文件夹，归档文献，换上笔芯（那时候我还手写笔记），笔记纸一张张加进，由薄变厚，文件夹的橡皮筋越绷越紧，重新整理笔记，再次分类归档，增加彩色子标签，这些都是项目初始的兴奋。我尤其享受的是，这些积累无须顾及学术产出，读到自己满意就可停下，也可沿着任何一条线索追下去，进入小径分岔的花园，流连忘返。笔迹结构，只要我一人看懂即可，"私人求知"在量化产出的学术界，算是返祖的特例。

从文本进入一国的政治，首先是了解制度、明面儿上国家的运行，了解行政和立法两大机构，总统是怎么选出来的（见下页笔记）。

秘鲁选举制度
Sistema electoral

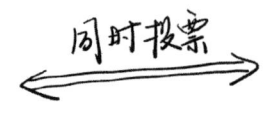

行政 ←―― 同时投票 ――→ 立法

总统

→ 直选（选民直接投票）

→ 绝对多数制
（没有候选人在第一轮拿到绝对多数的话，票数前两位的候选人进入第二轮）

→ 任期五年，不得连任

→ 总统任命内阁及首相

※ 选举时间：2016年4月10日
（可能的第二轮）
6月

国会

→ 一院制（unicameralism）
国家立法机构只设一个院

→ 130议员

→ 开放名单比例代表制
(open-list proportional representation)

注：选民从政党候选人中圈选并排列当选顺序。最终以政党得票分配席位。

序 → 恢宏的世界正在坍缩

下一步是找到政治主体。选举制度的核心是政党，总统议员推举、政治活动开展、政策纲领实施都离不开政党，维系和颠覆体制的也是政党。我到这里就犯了难。固有观念里，通过对主要政党轮流执政历史的梳理，便能勾勒一国的政治发展脉络。到了秘鲁却不是如此，政权更迭像走马灯，政党政治波动剧烈，80年代获得超过九成票数的主流政党，到了90年代仅有百分之七的选票。没有主线，只能回到简单的时间秩序，依照前后顺序，以上台和下台作为节点，罗列出"大事记"（见下页年表）[1]。

---

1 年表参考资料包括：

　　Levitsky, Steven. "Latin America's Imperiled Progress: Fujimori and Post-Party Politics in Peru." *Journal of Democracy 10*, no. 3 (1999): 78-92.

　　Kenney, Charles D. "The death and rebirth of a party system, Peru 1978-2001." *Comparative Political Studies 36*, no. 10 (2003): 1210-1239.

　　Reid, Michael. *Forgotten continent*. Yale University Press, 2008.

　　Crabtree, John. "Democracy without parties? Some lessons from Peru." *Journal of Latin American Studies 42*, no. 2 (2010): 357-382.

　　Crabtree, John, ed. Fractured politics: *Peruvian democracy past and present*. School of Advanced Study, 2011.

　　Degregori, Carlos Iván, Steve J. Stern, Nancy Appelbaum, Joanna Drzewieniecki, Héctor Flores, and Eric Hershberg. *How difficult it is to be god: Shining Path's politics of war in Peru, 1980-1999*. University of Wisconsin Press, 2012.

1924 阿亚·德拉托雷（Haya de la Torre，1895—1979）在墨西哥成立秘鲁政坛历史最久的政党"美洲人民革命联盟"（APRA，也称人民党、阿普拉党）。

1928 何塞·卡洛斯·马里亚特吉（José Carlos Mariátegui，1894—1930）从阿普拉党脱离，成立秘鲁共产党和秘鲁总工会，提出拉美革命应走工农结合的道路。

1945 二战后，阿普拉党和共产党在秘鲁合法化，成为秘鲁政坛的重要力量。

1948 军人曼努埃尔·奥德里亚·阿莫雷蒂（Manuel Odría Amoretti，1897—1974）发动政变，上台后取缔阿普拉党和共产党，压迫公民权利，担任总统到1956年。阿亚政治避难进入哥伦比亚大使馆。

* "阿亚·德拉托雷案"成了国际法外交避难的援引案件。秘鲁和哥伦比亚就外交避难的权限和避难者是否有权安全离开秘鲁陷入争端，1949年此案上递国际法院，最终裁定哥伦比亚给予阿亚的庇护权不正当，但没有义务将其交给秘鲁当局。双方在1954年达成协议，允许阿亚安全离开秘鲁。

1962 阿亚在大选中和前对手阿莫雷蒂结成同盟，引发不满的军方将领政变。

1963 费尔南多·贝朗德·特里（Fernando Belaúnde Terry，1912—2002）当选总统，结束军政府。

1968 军队总司令胡安·贝拉斯科·阿尔瓦拉多（Juan Velasco Alvarad，1910—1977）发动政变，推行工业国有化和农业合作社政策，以"秘鲁实验"平衡美苏影响，任内中国和秘鲁建立正式外交关系（1971）。

1975	阿尔瓦拉多健康每况愈下,军官发动政变,开启军政府第二时期。
1978	阿亚回归政治中心,当选制宪大会主席,1979年临终床前签署了秘鲁新宪法。
1980	贝朗德·特里当选,时隔17年后再次成为总统。
1985	阿普拉党候选人阿兰·加西亚(Alan García,1949—2019)当选总统。
1990	日裔政客阿尔韦托·藤森(Alberto Fujimori,1938—)上台,实行新自由主义政策。他集中个人权力,1992年发动"自我政变",即合法当选的执政者解散国会,公然违背宪法,转变国家政体。加西亚流亡哥伦比亚。
2001	藤森贪腐暴露流亡日本,远程宣告辞职。美国留学回来的亚历杭德罗·托莱多(Alejandro Toledo,1946—)当选总统,成为拉美第一位民选的印第安裔总统。
2006	加西亚当选,时隔21年后再次成为秘鲁总统。
2011	奥良塔·乌马拉(Ollanta Humala,1962—)当选总统。

我要去的是前总统亚历杭德罗·托莱多的竞选团队。2016年的选举中，他谋求再次当选。

虽说秘鲁政党时不时蒸发消失，政客却总是在"回归"的路上。几十年间，循环往复，一张张面孔隐去，流亡，过一阵子，再次浮现。线性的时间，往返跳跃的姓名，创造出复杂的时间感。政治更迭频繁，瞬息万变，剧烈波动和颠覆，让人目不暇接；但是变动的幕后，又是熟悉和陈旧的面孔，停滞绵长，似乎一成不变。

到这里，最多只说完了一半的故事。政党政治的另一端，还有作为主体的人民。秘鲁大众，是随波逐流地跟着政治更迭，还是不受其扰地在平行空间暗自生活？一旦脱离了政治精英的话题，英文文献变得稀疏，我把寻找的焦点放在本地的书写者身上。

人类学家胡里奥·科特勒（Julio Cotler）[1]是当地久负盛名的知识分子，他打过一个流传广泛的比方，秘鲁社会像"无底三角形"（triángulo sin base），大众

---

[1] 胡里奥·科特勒（1932—2019），秘鲁人类学家和政治学家，秘鲁研究学会主席，代表作为 Clases, estado y nación en el Perú（Instituto de Estudios peruanos, 2005），"无底三角形"的比喻出自 Cotler, Julio. "Actuales pautas de cambio en la sociedad rural del Perú." Dominación y cambios en el Perú rural（1969）: 60-79。

碰到压迫，不会形成紧密的联盟，而是选择单独和权力阶层媾和，因此，精英统治经久不衰，民众松散无力。我看到利马的照片时，直观地感受到这样的无力。自20世纪50年代，农村移民涌入利马，付不起市内房租，在郊区沙漠修棚户区，百分之八十的贫困人口居住于此。这些兴起的贫民窟，被称作利马的"年轻镇区"（Pueblos jóvenes）[1]。棚户区快要触到富人住户的时候，一堵堵墙出现了，随地势蔓延起伏。利马是一座被墙分割的城市，还有能比这景象更不加修辞地表达阶层差距的吗？但是，在看似无望的城市景观中，秘鲁经济学家赫尔南多·德·索托（Hernando de Soto）[2]发现了寄存的希望。三不管的地带中，居民把土地占为己有，建造社区，活跃地进行商业尝试。不受政府监管的非正式经济（informal economy），在棚户区野

---

[1] 见 Lloyd, Peter. *The "young towns" of Lima: Aspects of urbanization in Peru.* Cambridge University Press, 1980. Chambers, Bill. "The barriadas of Lima: slums of hope or despair? Problems or solutions?." *Geography* 90, no. 3（2005）: 200-224. Peters, Paul A., and Emily H. Skop. "Socio-spatial segregation in metropolitan Lima, Peru." *Journal of Latin American Geography*（2007）: 149-171。

[2] 赫尔南多·德·索托（1941—），秘鲁经学家家，自由与民主学会主席，著有《另一条道路：一位经济学家对法学家、立法者和政府的明智忠告》（华夏出版社，2007）和《资本的秘密》（华夏出版社，2007），藤森执政时期担任经济顾问。

蛮生长，撑起全国近一半的就业和百分之三十的生产总值。大众不是统治阶层的附庸，相反，他们是新兴的创业阶层，开拓了另一种平行的生活秩序。

　　文本带来了情绪，他者的历史经验，开始左右我的情感和立场。与此同时，文本又是自洽的，面对一个现象，文本可以生出多种有效的阐释，把读者从"极端"的走向里拉出来。现实变得复杂，知识体系的漏洞出现，下判断成了困难，那唯一剩下的出路，就是继续陷入文本之中。随着文本深入，研究对象范畴扩大，造成这样的印象：眼下的对象，不过是揭示广阔社会的途径。秘鲁成为一个缩影，一个象征，代表性的案例。透过它，拉美精英政治、经济道路、意识形态风潮，目不暇接的宏大主题，有待一一解开。秘鲁被正名，赋予了特别的意义，有了继续沉迷文本的价值。

　　这还不是文本的终点。

　　沉迷文本时，忍不住的关怀是那些和个人身份有关的线索。面向世界的探险中，总有本国族群的碎影孤魂，秘鲁文本开始和个人记忆共振，人物、事件、符号，冲破空间和时间的约束，漫无目的地四处碰撞，意想不到的联系就此裸露出来（见下页笔记）。

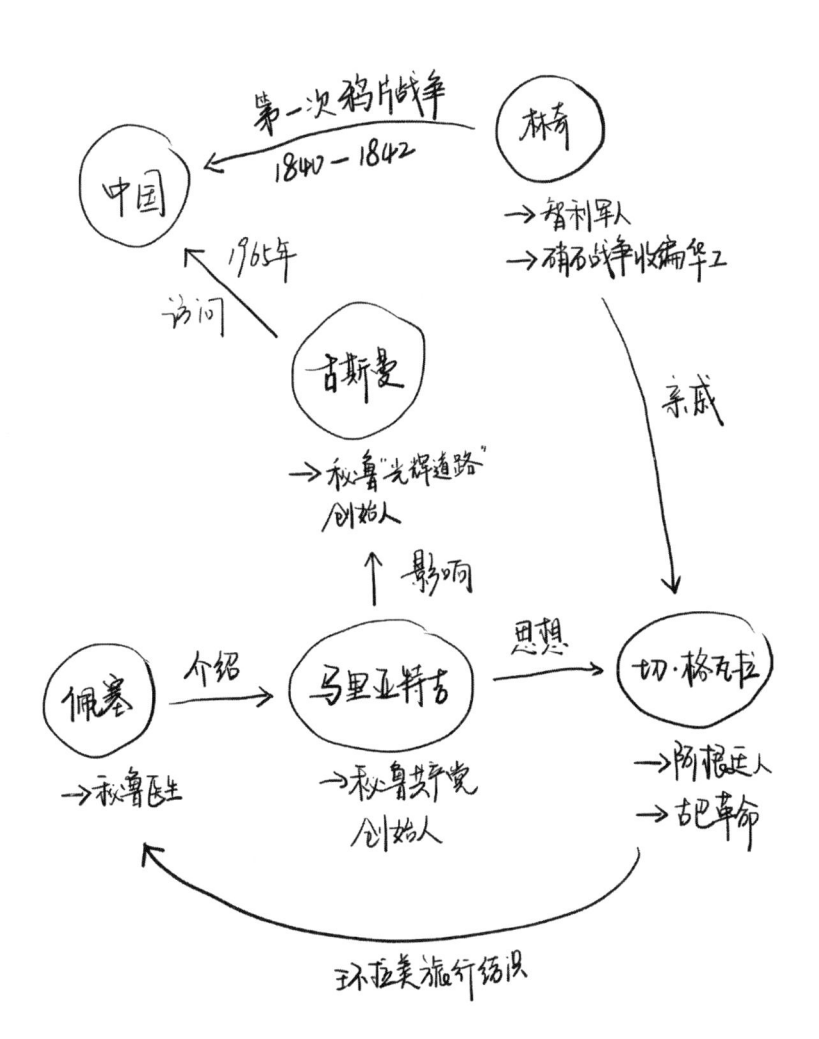

```
                    第一次鸦片战争
        中国  ←―――――――――――  林奇
              1840-1842
                                → 智利军人
         ↑ 1965年                → 硝石战争收编华工
         访问
              古斯曼
              → 秘鲁"光辉道路"          亲戚
               创始人
                                          ↓
              ↑ 影响
         介绍        思想
  佩塞 ――→ 马里亚特吉 ――――→ 切·格瓦拉
  → 秘鲁医生   → 秘鲁共产党          → 阿根廷人
              创始人               → 古巴革命
      ↑                              |
      └――――――――――――――――――――――――――――――┘
              环拉美旅行纺识
```

翻到秘鲁智利的硝石战争[1]时，帕特里西奥·林奇（Patricio Lynch）进入我的视野。1825年，爱尔兰地主后代林奇出生于智利。第一次鸦片战争中，林奇服役英国海军，后回到智利成为军队将领。1879年，他在硝石战争中组织"林奇远征"，奔袭秘鲁大农场，被解放的农场苦力中有不少华人。他们多在中国东南沿海签约或被贩到秘鲁，1854年秘鲁废止奴隶制后，华工取代了黑奴成为种植园的主要劳力[2]。林奇用自己在鸦片战争中学习的中文，劝华人加入智利军队，华工代表金廷·德拉金塔纳（Quintin Quintana）带领1500多华人组成"火神营"，随林奇南征北战。

"林奇远征"过去七十七年后，他的远房亲戚

---

[1] 硝石战争，又称南美太平洋战争，是1879—1883年间发生在秘鲁、玻利维亚和智利间的战争。冲突起源于三国对于鸟粪和硝石资源的争夺，最终智利战胜秘鲁和玻利维亚的滨海省（Litoral）。玻利维亚自此成为内陆国。

[2] 1848年到1874年间约有九万华工在秘鲁，工作环境恶劣，常有被掳掠和受虐待的情况。1874年，为了改善华工处境，李鸿章主持签订《中秘查办华工专条》和《中秘友好通商条约》。详见Stewart Watt. *Chinese Bondage in Peru: A History of the Chinese Coolie in Peru, 1849—1874*. Durham: Duke University Press, 1951. Hu-Dehart, Evelyn. "The Chinese of Peru, Cuba, and Mexico." The Cambridge survey of world migration（1995）: 220-222. McKeown, Adam. *Chinese migrant networks and cultural change: Peru, Chicago, and Hawaii 1900-1936*. University of Chicago Press, 2001. Young, Elliott. *Alien Nation: Chinese Migration in the Americas from the Coolie Era through World War II*. UNC Press Books, 2014。

切·格瓦拉,加入了另一场武装斗争。古巴革命前,切·格瓦拉骑摩托车环游拉美,和秘鲁医生乌戈·佩塞(Hugo Pesce)在麻风病医院共事一阵。佩塞向他介绍了秘鲁共产党创始人马里亚特吉的思想,切·格瓦拉从此走上革命之路。古巴革命成功六年后,秘鲁年轻人阿维马埃尔·古斯曼(Abimael Guzmán)[1]在北京接受毛泽东思想的洗礼。之后,他在安第斯山中创立武装运动"光辉道路",名称取自马里亚特吉的名言,"马列主义将打开革命的光辉道路"。古斯曼领导武装运动一度扩至利马近郊。1992年,古斯曼被外号是"中国仔"(el chino,秘鲁习惯统称东亚面孔为华人)的总统藤森抓捕。为了保证安全,审判非公开地进行,国际媒体唯一听到的古斯曼讲话是,他在法庭上高呼:秘鲁共产党万岁!伟大的秘鲁人民!人民战争的英雄们永垂不朽!……之后,法庭上的录音就被人为切断了[2]。

历史记忆一层层,砌砖头,码起来,和祖宅相

---

[1] 阿维马埃尔·古斯曼(1934—),秘鲁"光辉道路"的领导人。"光辉道路"在1980年的大选中毁坏选票箱,同年召开的中央委员二次会议上宣告要武装斗争,达成秘鲁社会革命。

[2] Peru suspends retrial of Shining Path leader Guzman, *Financial Times*, 5 November 2004.

遇，精神脐带搭成纪念之墙。砖头接连不绝，墙体朝四面伸展，交叉重叠，原本敞亮清晰的记忆，现在成了过往的迷宫，倒插在现实的地基上。陌生的他者，这样通过本文，进入观察者的头脑，从未谋面的对象，有了似曾相识的撞击。文本不再是媒介工具，不是通过它去抵达他者，而是在这里直接遭遇他者。很多时候，它成了认识的终点，以权威的口吻，揭示了业已存在的联结，甚至真正相见之后，不过是确定既有的印象。依赖文本，是因为它为有限的人生时空，提供了无限的事实样本，给广袤的生死未卜的他者，提供了亲切的隔空相遇。

　　落地利马时，我便是信心满满，好奇，又胸有成竹。秘鲁经过文本，已成为普遍意义的对象，有待揭示一系列政治社会的谜题。它还与我建立了民族国家历史的情感联系。我想跃入水中，让既已打开的知识感性的触角，头发一样伸展，日夜生长，散发出稠密敦实的纠缠。

经验的突袭

博士生不该对自己的头发有不切实际的信心。

到了利马,和托莱多夫妇的第一餐开始,我的文本积累就变得轻盈。我遭遇了"经验的突袭",像是利马海浪,日夜不停地冲撞礁石,石头还在原处,但裹上了墨绿海草和灰黑牡蛎,没有一处洁净干燥。不仅是经验推翻文本,最为强烈的冲击不是两者的貌合神离,而是彻底的割裂:文本和现场,各自描述不同层面的现实。

一个人可以决定活在文本的现实里。文本化的弱肉强食、因果轮回,具有规范和行动指向,足以解释和支撑一个完整的生命周期。经验的世界,指向不同的现实空间,它反规范、反对解释、不许概括。它包含无数矛盾和混乱,炖在一块,搅在一起。当我们觉得矛盾时,便在用文本秩序,尝试去理解经验。经验本身没有冲突和对抗,这些发生在我们想要去规定和理清它的时刻。

政治的经验世界出其不意地无聊。我和田麒每天最大的感受就是无聊——即便日程安排满,喝水时间都少,处理着接连不断的危机和意外,身体和头脑始终处在紧张亢奋的状态，我们还是觉得百无聊赖。通常无聊是因为信息的稀薄、单调和重复。这一回，面对信息的炸裂，每刻都在学习，但是感觉原地踏步，寸步难行，困在处境里，出不来。事件多是意料之外、情理之中，它发生时，有那么一刻惊愕，然后觉得，要不然呢，还能怎么样呢，凡事又都说得通。

我搬到总统家，没人对突然出现的不会西语的中国人，有任何疑问好奇。每日看到的竞选像真人秀，无限逼近和模拟现实，但又有哪里不对劲。真人秀中，我们猜测哪里是表演和剧情设计的，哪里是无法控制的真情流露。竞选过程，我们也这样不断猜测，哪里是真的，哪里是试探表演。计划更谈不上了，没有明晰的工作职责，没有按照步骤的蓝图，众人上去，一顿涂鸦，而后，决定图案的作者和寓意。我们从媒体上得知自己选举阵营的最新消息，还不知道真假，每天会面中，要装作心知肚明和把握十足的样子。荒谬感，在回忆中浮现，处在其中时，一切都被消化。

我们在身份间切换，有空档就去游客街区，混在嬉皮士圈子。我头一回在旅行中发现美食趣味，造出口舌之欢的避难所，喝得酩酊大醉，第二天大早，下楼和团队吃早饭，继续竞选的工作。写口号，做海报，拉票活动，和政客见面谈败选后的计划，和媒体见面谈民意调查的数据，周而复始。钱不够时，去找总统，他一边同别人说话，一边掏出沓美元丢来，从来没要过凭证。我们处在"得势的边缘"：不是当地人，又莫名其妙地在权力核心（即使败选，这也毫无疑问是秘鲁的权力阶层），旁听会议没人阻拦，没有权限和准入的质问，但所有人又明白，我们不过是短暂过客，构不成权力威胁。因此我们有了游走的自由。

这样游走的介入来之不易，我们确信自己对当地政治的发展，丝毫没有作用，但多少卷入了他国内政，能做到什么程度，发表怎样的评价，没有依循的惯例。这回到了开始的问题：要如何选择参与。它由书斋困扰，转到现场决断。每时每刻，重新定义参与。这样的参与是抛入式的，一旦进入，就没剩多少选择，不能转过头去，或者停下，批判思维一会儿。

奇怪的是，明明是无关紧要、没法影响结局的决定，却给人十足紧张、不可怠慢的压迫。一个可能的原因是，参与的结果，对每个人的意义大相径庭。感到的沉重可能是落在他人头上的结局。除了暗杀，竞选已竭尽手段了。之前说参与、输掉竞争，顶多是身败名裂或社会性死亡。第三世界的参与截然不同，要冒着流亡和丧命的风险，有关生和死的问题。2016年，巴西建筑公司奥德布雷希特（Odebrecht S. A.）行贿案曝光，横扫拉美大陆，巴西、阿根廷、秘鲁、厄瓜多尔、哥伦比亚多国政要涉嫌接受巨额贿赂。秘鲁前任、现任总统无一幸免，托莱多受到指控后流亡海外，我们之后的见面，都发生在他国领土。我无法真正介入生死之局，那是属于当地人的。我是可以随时离开的一群人，离开的可能，也意味着参与的局限，异乡人可在某个时候斩断关联。但是对于当地人来说，即便明面上退出参与，也无法在精神上做出彻底的决裂，托莱多夫妇直到今日给我的问候中，仍然少不了秘鲁的近况。那留给我们这些局外人的参与可能是什么呢？

大选结束后，我和田麒在秘鲁旅游一阵，回到英国，现场算是告一段落。等到我决定把秘鲁经历整理出来，又快过了一年的时间。到了后现场，要去怎么书写曾经抵抗书写的现实？一旦书写开始，重构的叙事迫不及待地要发生，想要去寻找诸事的联系，近乎本能地，去提供条理清晰的解释，一份"系统性"的记录。我在多种文体的形式之间迟疑。直截了当的处理是熟悉的学术框架，把这变成一本关于拉美选举的通识读本。那样的话，我以文献综述开头，展开迷人的文本细节，借此给予秘鲁这个案例足够的位置和重要性，以示在此花费的时间和精力，可进入更广阔的议题。或者，它可以变成一本旅行文学，格雷厄姆·格林式的消遣小说，展现一个国人在海外政治的冒险。

但这些对于我来说都不太诚实，失去了与现场的亲近，恢复了文本的距离。我想要保持经验世界的不确定性，潦草跳跃，没有头绪，而不是提供一个连贯完整的叙事。忠实记录，可能黏着个人焦虑和危机，展示脆弱和无知。我因学术产生的困扰，也可算更为普遍的"断裂危机"：我们无序任性的生活本质，以及与之对抗的、持续要去梳理和弄清的冲动。

所以，很难讲以下的大选记录，是要表达什么明确的东西，它更像日记、随笔、情绪，尽量还原现场，穿插三年间不断和秘鲁政治重遇的片段，以第一视角的描述代替解释。我没有修改前后的文字，以统一叙述风格，个人的断裂和转变，在时间的穿插之间也更为明确。被总结的人生可能是对政治家的赞誉，却是对现场忠诚者的羞辱。

至于秘鲁之行到底有什么触动和改变，我心里也想说，通过这场"游走"，人生顿悟，自此之后困惑消退，目标路径清晰可见。但那是剧场化的谎话。我从秘鲁回来，还是失眠，还是苦恼学术的意义，秘鲁选举的政治资本也没转化成为职业转机。一切照旧、波澜不惊。只有从现在回看，才能发现接下来的一些决定中，多少有秘鲁的影响。这是在现场不能给的，想要去追溯影响，不得不耐心地等候时间过去。但这可能是我的想法里最迷惑的一点了。是的，我警惕以回溯的方式构建连贯叙事，但想要去明白现场的余震，不得不在事后顺藤摸瓜。现场的影响是多方向的，那种"此次之后，就如何如何"的句式不成立。某一个细小的冲击，会在不经意时，突然冒出来再次袭击，每次的伏击点有所不同，带来的改变，也并非能合并在一面旗帜下。

我至今准备着秘鲁经验随时的再次冲出。

→ 1

我们第三世界还有人情在

离大选还有十天。

当这些文字草草落在日记本上时,我躺在前总统官邸的客房里。两层的洋房没有大众想象中的宽敞壮丽,比起在任总统的官邸,更是黯然失色。但它身处上流社会的街区,对于举目无亲的异乡人来说,已是足够的奢侈。我所处的客房大小适中,是沿着楼梯把头的第一间。吊顶很高,能容下两个半我。推开深褐色的松木门,左边的墙壁挂着政党的徽章和制服,右边顶着墙是一张单人床。书桌和伸到屋顶的衣柜,占去了绝大部分空间。

抵达后的第一天，备好的薄被和毛巾放在床头。每晚回来的时候，桌上的纸笔在原处丝毫未动，角落的衣服移去了洗衣房，薄被、毛巾和前一天换下后洗净的衣物又整齐地叠起来，回到床头。纸和笔成了见证时间延续的唯一物件。

此时的我习惯了利马扑面而来的燥热空气。这种燥热竟让我不合时宜地想念起长江中下游的故乡。和故乡不同，屋内空调长期静默关闭。一旦到了晚上，温度便自然降到舒适清凉的程度。可是，我还是会在早晨四五点醒来。可能是时差后续的影响，更可能是因为阳光过于勤奋，把清晨的房间变成了烤炉。拉上窗帘也无济于事，反倒更添闷热。

我便趁着一天中罕有的无人左右的时间，伴着还未完全退去的宿醉，试图回想前一天的见闻。坐在桌上，写不下去。回到床上，倚着枕头，窝在角落，找到舒适的姿势。侧过身子，汗不会闷在前胸后背，而是顺着额头、脖子、肩膀和肚子缓缓滑落，滴水成珠。起初，这样的湿黏，让人无法忍受，但和蒸桑拿一样，一旦心里接受了，汗水均匀守时地从毛孔渗涌而出，仿佛一切变得有条不紊，按计划进行。终归可以落笔了。纸上的沙沙声，伴着偶尔打破寂静的鸟鸣。

开始时，还是把新奇的都事无巨细地记录：气温，街景，会面的人，城市的味道。然而，这一切消亡得很快。天气是一成不变的阳光明媚。光芒把目光所及的全部笼罩在白色之中，并非是温暖橘黄的晴空。我见人的兴趣悄然消失殆尽，无论他们是总统、议员还是自命不凡的掮客，都越来越让我失去耐心。和田麒一样，我的热情转向了"人之大欲"的吃喝，全身响应着享乐主义哲学。就连我在英国苦苦哀求的阳光，都快成了要躲避的对象。

六点钟，走廊尽头房间的门轻轻地打开。家里的用人起床了。我停下手中的笔，屏住气，一声不吭，不想让她知道客人的早起。她走过我的门前，伸出手掌，一句叹息似的落在楼梯扶手上，脚步顺阶而下。八点钟，隔壁房间电视响了，CNN的新闻广播穿墙而过。田麒的房间和我的挨着。我还需要再等一会，有时候他伴着新闻又会睡过去。等听到扭开水龙头的哗哗声，才确定他是真的起来了。我趁着这个时候，同样以若隐若现的CNN，作为洗漱的背景。再过约半小时，传来一阵急促的敲门声。紧接着，房门骤然被推开，田麒湿漉未干的头探出来。好了？他点头问。

大选的一天便开始了。

12月份,收到田麒的邀请时,我正在牛津的研讨课上,恰如其分地当着一名国际学生。讨论主题是"经济和民主",政治学的老生常谈。话题在五六十年代刚兴起的时候,正值美国政府拿不定对革命政权的经济政策。如今这个现实的背景消失了,争论还没结束。后辈们拿出新的方法和实例,修正着远离大众的猜想。好比在大街上,第一个人走过来丢出争端,四周的人围上来,分成几个立场,激烈地展开了辩论。

辩论的内容越来越艰深,词汇越来越复杂,直至第一个丢出问题的人已不关心答案,离开了现场,这个争吵还在继续。你过去拍拍围观人的肩头,问道现在吵这个干吗。他们煞有介事地跟你说:你年轻人懂什么,难道不知道争吵本身就是件有意义的事吗?

那一天,我正是在围观这个似乎永不会终止的争吵时,收到田麒的邀请。

"秘鲁大选,在总统竞选团队里做幕僚,速来。"

与此同时,课上的教授转向了我。

"来,中国的同学,谈谈你对阿齐默鲁(Daron

Acemoglu）和博伊斯（Carles Boix）[1]论点的看法。"

这两面的夹击一定不是同时来的，理应有个先来后到的顺序。我是先看到了田麒的邀请，还是先听到了教授的传唤？时至今日，脑海里的印象却是两个问题同时驾到，生生地摆在了面前。这一端，是知道答案但不知道意义。那一端，是不知答案也不知意义。我以为年轻的时候，还是该多承认些自己的无知才对。出了教室，我立马接受了邀请。

我和田麒认识的时候碰巧也是在一堂政治课上。在苏格兰读本科那会儿，全校学生最多的国际关系课，中国人也不过五个。坐在前排的田麒下课的时候转过来问，You, Chinese？不久，我们组成自己的小圈子，田麒是最活跃的。他在校内的政治社团里爬到顶端，穿梭酒会指点国际江山，不负众望，成为亚洲面孔的"政治名媛"（political butterfly）。毕业后原本去给拉美政要拍照，最终经不住政治的诱惑，进了当地大选的团队。我是希望他这一封邀请，就能把我从阳光匮乏的岛国带走。

---

[1] 达隆·阿齐默鲁（1967—）和卡莱斯·博伊斯（1962—）皆为当代政治经济学家，研究民主化和经济平等。前者认为民主化更多发生在经济不平等水平居中时，后者认为民主化发生于不平等水平较低时。

中国人去秘鲁谈不上新鲜。19世纪初秘鲁独立后，美国资本涌入修铁路，工地上雇佣中国的苦力。汇聚欧洲人、黑人、印第安人和本地混血的多元文化之处，客走他乡的中国人待遇最差，常组织罢工抗议和暴动。鸦片战争和太平天国运动前后，凋敝的社会输出了一批寻思出国谋生的移民。这些劳工在农场和矿场的恶劣条件下大多早逝，葬身异乡。1874年李鸿章同秘鲁政府交涉，签订条约，劳工的条件才有好转，华人逐渐融入主流社会。

我忍不住去了解关乎族人的历史，似乎要沿前人留下的脚印前行。历史从来不是知识的存在。以历史来指导当下或是预估未来，无疑是对过去最大的谬用。但是，历史造出"想象的延续"。上了些年纪的民族国家，更是痴迷于此。欧洲想象自己是希腊罗马的延续，我们把自己归为孔孟的门徒。人不善于孤单，不善于面对短暂缥缈的一生。所以，我们要紧紧地抓住过去，成为跨越时空众生的一员。历史是拿来壮胆的。如同喝酒，最初的艰涩苦乏，到了之后就是酣畅淋漓。酒量好，吞下去的历史细节庞杂，还不打转晕倒。要是不好，就是借酒撒泼，失掉了气质。最终没能戒掉酒瘾的，成了历史学家。

伦敦的秘鲁使馆在海德公园南边，分上下两层，办公区在上层，办理各种手续的平民被安排到下层。推开铁栅栏，狭窄的楼梯布满青苔。一扇白门打不开，也无人应铃。等到有人出来，我立马抢上前去，夺门而入。屋内窗口唯有一位黄色短发的大妈。她垂着头，耳环在白炽灯下闪耀，安静得像是屏住了呼吸。透过玻璃看过去，犹如一件陈列。我瞄了眼周围，办理签证的不过是我和一位印度人。一对印第安人夫妇，丈夫戴个鸭舌帽，闷坐在角落，可能是来办理境外投票手续的。

东亚人看到印第安人，说不上来的亲切。肤色有异，举止相差，仍然感觉大家同宗同源。墙角搁着电视，循环播放着利马的介绍片。我多年以前学过一时的西班牙语，似乎在这里活了过来。犹如许多你觉得已经淡出的过去，却有想不到归来的一日。蹩脚的西班牙语，此时如调皮的孩子，老缠着我说，放我出来吧。我回答说，不行，你给我好好待着，等长大些才能登场。

排在前面的印度人花了许久，完成盘问的环节，轮到我上前递交材料。大妈接过来，慢条斯理地一页页审读。不知她翻到哪一页时，忽然和蔼地一笑，抬起头，朝我扔来一句西班牙文。之前还跃跃欲试的语言天赋，此时已经跑得不见踪影。我只好以英文回复。

她转为英文问我，你是罗拉的朋友吗？罗拉是亚历克斯的女伴，亚历克斯是我的墨西哥朋友，对我要去美洲一事欣喜不已。秘鲁的签证需要邀请函，便托他的女伴罗拉帮忙。如此一来，我和罗拉也有了几面之缘。如今这位大妈问起，我只能点头，把浅薄的交情上升为正式的友谊。大妈笑得更和蔼了，就此收起我的文件，省去了剩余的提问。出了使馆的大门，我捧着少有的办理签证的愉快经历，朝墨西哥使馆的方向走去。亚历克斯毕业后成了墨西哥外交部的雇员，我约在他的午休时间见面。

"风衣，褐色皮鞋，养一圈胡子，这是拉美外交官的标配吗？"

"不对，手上还差一杯咖啡。"亚历克斯指指对街的咖啡店。

"你知道全拉美最好的咖啡豆在本国都喝不到吗？只在欧洲有。"

"那是你们出口导向的经济，还在讨好原来的宗主旧大陆。"

"说得好像只有你们中国有革命精神一样。我们墨西哥革命的时候你们还在喊吾皇万岁呢。"

我们在咖啡馆坐下。

"听罗拉说，你的总统候选人肯定赢不了。"

亚历克斯抿了一口来自家乡大陆的上乘咖啡。

"托莱多？反正也不是为了赢大选去的。"

咖啡的味道不错，衔着一股有机的伦敦富贵气。

"他们要一个不会西班牙语的中国人干什么？美国人还没撤离拉美，你们中国人又要来了吗？"

"我也不知道。"

"你准备好了吗？"

"准备？最近在看略萨的小说。"

我一口气读完了略萨的《城市与狗》和《绿房子》，文字压着韵律的流畅。我喜欢两者的标题，都是读得懂的西班牙文，"La ciudad y los perros"，"La casa verde"。东亚人读不来R，便以L替代。

"哈哈，就是书生气太重。了解一个国家从读书开始。"

"据说当年毛泽东也是这样的。"

"那就是革命传统了。"

亚历克斯笑起来，扬起他嘴角的胡子。他说得对，我对文字系统的依赖根深蒂固。去秘鲁的决定带着对象牙塔的反叛，到头来还是先扎进了文字里。亚历克斯讲到他正在写的小说，重新谈起略萨来。

"你知道吗？"

亚历克斯倾过身，伸出手指戳向天，以他一贯讲故事的姿势说："略萨原本和马尔克斯私交甚密。直到1976年，在墨西哥的一家影院，略萨走过来，不由分说地给了马尔克斯一拳。此后三十年，两人再没说过话。等到《百年孤独》四十周年纪念版出版时，略萨为其写序，两人见面又如故友相识。莫名其妙地闹僵，又莫名其妙地和解。"

"为什么吵个架都要和写小说一样？"

亚历克斯的午休快结束了，我们起身，我向他道谢签证上的一臂之力，并顺道提起了秘鲁使馆的友好态度。

"我想这是华人访客近年增多，双边关系友好的缘故。"

"遗憾的是，"亚历克斯打断我，"并不是你的中国身份让你的签证异常顺利。你要知道，罗拉的家人可是在秘鲁外交部身居要职。"

"没想到还没到地方，就已卷入拉美的人情社会了。"

我这时候才明白大妈和蔼笑容的内涵。

"那倒不要紧。只有发达国家才讲平等不是？我们第三世界还有人情在。"亚历克斯果断地回答道。

→ 2

真正的魔幻现实主义

C教授背靠一把古色古香的椅子,眯着柔软的眼睛,冲我慢条斯理地微笑。两鬓白发,像火苗掉在了干枯草原,正有星火燎原之势。

即便有亚历克斯友好的警示,我还是没能绕过文人的圈子。C是牛津拉美中心的主任,一辈子都放到了哥伦比亚当代史和马尔克斯那里。欧洲大学的区域研究中心,如果教授是欧美白人,那多半有一位来自研究地域的当地人为伴侣。如果教授本身是当地人的话,那便是工作上的拼命三郎。C属于后者。他说话迅速,三言两语就探明了我的知识边界。我们很快尽了话题，彼此沉默了一阵。离下一个学生约定的时间还有几分钟的空余。C突然扬起头，再次露出他标志性的酒窝。

"你读过《百年孤独》对吧？记得里面政府杀死抗议的三千民众，搬上火车运走的段落？"他继续讲，"其实1928年的那场抗议[1]并没有死那么多人。但马尔克斯作为小说家，一定要壮烈的场面。现在，大家反而认为他所写的是真实历史。"

我还在这个故事里意犹未尽的时候，在门口遇见了同班的姑娘玛丽亚。她才从委内瑞拉回来，喘着粗气同我抱怨。年轻人少有对本国的政治满意，爱国的情怀都是滋生于骂声。只不过玛丽亚的这份不满意扩大到她口中那"整个无望的大陆"。

"所以你刚进去都谈了些什么？"她停下来问我。

"嗯。一些魔幻现实主义的东西。"我含含糊糊地说。

"过去你顶多在文学上知道了魔幻现实主义，等卷入了拉美的政治，你才能领教真正的魔幻现实主

---

[1] 1928年11月，在哥伦比亚的圣玛尔塔附近，联合果品公司的工人举行罢工抗议，12月5日至6日，哥伦比亚政府派军队镇压罢工，引发的血案史称"香蕉大屠杀"（Matanza de las bananeras）。

义。"她一激动,把说西班牙语习惯带到了英语,一字不停地吐出这句话,涨红了脸,然后深吸口气补肺。

我就带着她的这句嘱咐上了路。

即使我把自己和关于秘鲁的文献关在一起数周,在飞机上闭上眼时,脑海里还是一团乱麻。拉美的政局似乎专为捉弄人而设计。所有既成的建制都能在下一刻被推翻。二战后的秘鲁,三次军事政变,直到1985年才完成近半个世纪以来的首次民主过渡。可惜这也没持续多久。1990年,藤森在总统选举中击败作家略萨。两年之后,他解散国会,民主制度再次瓦解。直到2000年,藤森腐败的丑闻暴露,流亡日本,托莱多成为新总统,秘鲁才算是重回到民主政体的轨道。

田麒这次邀我去的就是托莱多的竞选团队。托莱多的名字不陌生,根据教科书的定论,他是在秘鲁"复位"(Restore)民主的人。Restore,我读到这个词的时候,总不免怀疑其背后寓意。似乎政治活动总有预设的、公认的最终目的地,我们不过是朝着这个方向,上演一场又一场的回归。革新的举动,都是一种终极价值制度的"复礼"。

对托莱多的评价,后面还有半句:他是在秘鲁复位民主的人,但不孚众望。如果后人看到秘鲁的编年史,留给托莱多的是这么残忍的一句:他未能达到各界的期望。与此相比，托莱多的前半生都在超越人们的期望。他生于秘鲁北方的克丘亚（Quechua）农民家庭，十六个孩子中排行老八，有五个兄弟姐妹在儿时夭折。他小时候擦过皮鞋，卖过报纸，在老师的坚持下，成了家中第一个上过高中的人。偶然的机会，在报社工作的托莱多结识了两个美国人，在他们的帮助下，以足球特长生的身份，拿到奖学金，去往旧金山上学。他在斯坦福大学拿到博士，成了活跃的经济学家，后来竟成为拉美现代历史上第一位原住民总统。他戏谑地称自己是个"cholo president"。"Cholo"是对有土著血统的乡下佬的贬义称呼。可他政治生涯的顶峰，以"未至期待"的结论草草收场。人们希望在他当选后，三十年间所积累的问题能在一夜间，因着"民主"二字的魅力，统统消失。贫穷，失业，腐败，教育、医疗资源的匮乏，社会的重疾被押在一场大快人心的选举上。当这个希望落空的时候，公众将他变成了秘鲁历史上民调得分最低的总统之一。

秘鲁宪法规定，总统不能连任。托莱多当过一届总统后退任。虽然已经淡出政治核心十年，田麒和我之间还是习惯性地称呼他为"总统"。总统的竞选前景并不乐观。民意调查中领跑的是藤森的女儿藤森惠子（Keiko Fujimori）。除此之外，还有之前在托莱多总统内阁中任职的库琴斯基（Pedro Pablo Kuczynski）和前总统加西亚参选。这是一场圈内人的赛跑。至于为什么一个毫无关系的中国人被邀请到总统竞选团队中，我也没弄清楚。每次和田麒提到这个话题，他都闪烁其词，不予正面回复。

我把密密麻麻的笔记掏出来，从头到尾翻了一遍，还是没能把盘根错节的历史理顺。政治逻辑像是一簇落入家猫掌中的毛线团，不知首尾。我便丢下它，去看略萨的自传《水中鱼》（*A Fish in the Water: A Memoir*）。略萨是1990年大选输给了藤森的作家。近年受了诺贝尔奖的首肯，晋升为秘鲁国宝。年轻时，略萨在军政府治下长大，心中的反叛和理想都写入了他的小说。在利马上学的时候，他是个不折不扣的社会主义者，西班牙大学进修时的毕业论文是关于马尔克斯的。不料两人后来的政治立场分道扬镳。马尔克斯至死是一位没有回头的左派。略萨中年之后的立场转为保守，崇尚市场资本和自由主义，被看作和普通大众相距甚远了。他在90年代的那场总统大选里倒是很有可能当选，正式由文人转型为政客。秘鲁大选分成两轮：初选确定票数较高的两位候选人，第二轮再从中选出总统。略萨在初选中领先，到第二轮才被藤森击败。

略萨的自传和他的小说一样跳跃来去。上一章还在讲小时候父亲的离弃，下一章就到了决定参选总统的时刻。他的叙述中，意识形态的转变背后，贯穿始终的是对于正义公平的追求。他不觉得国有化这样看上去普惠大众的措施会带来什么切实的效果。正好相反，在一个不完善的体制内，左派政治成了垄断资源和催生腐败的工具。略萨明白地意识到文人和政客间的身份冲突，意识到他前半生积累的名声，可能就此毁于一旦。不顾一切的赌注，被他归为是对于故土"强烈的道德感"。然而，在他的妻子眼中，这纯粹是一场追逐冒险的游戏，"在现实生活中写一本伟大的小说的幻想"。夫妻双方对投身政治有着旁观者一般的清醒，但没能停止他们为此的争吵不休。

看了一眼飞机的航线，整个欧洲大陆都已被夜幕笼罩。我正穿越大西洋，朝着有阳光的地界飞行。黑夜在追我，抑或是我在追日光。当这黑夜快追上来的时候，我也降落在了秘鲁的首都利马。穿过中国烟酒和华为的广告，出了秘鲁海关，大厅就传来喊我名字的声音。田麒的身材没什么变化，皮肤比我一年前见他时黝黑了许多。他穿着衬衫和短裤，两手叉在腰间。

"秘鲁的天气真是好啊。"

我不由得伸出双臂感叹。

"行了,快上车吧。在飞机上睡觉没?我们直接去和总统吃饭。"

田麒已然把好气候当作是理所当然了。

从机场到市区的道路两旁,接连不断地竖着候选人的宣传牌,让每一个到访者都能嗅出大选将至的气息。那位亚裔的女性面孔尤为突出。

"街上怎么都是藤森惠子的广告牌?"我问。

"家里有钱呀。这会儿和民主化初期不一样了。如今政治拼的是资本。"

虽然有典型的日本姓氏,藤森惠子的父亲当年选举的时候却被称作"中国仔",和数量上占优势的移民群体联系在一起。进入政界前,老藤森是农业大学的数学教授。"局外人"的身份让他和传统政治精英不同,一开始就是接地气的民粹领袖。据说,当年拉票的时候,老藤森开着拖拉机跑到那些无人问津的偏远地区。在那里,世代被历史和权力遗忘的群体,看到第一个关注他们的政客。老藤森成为总统之后,加紧集中权力,提拔情报头子蒙特西诺斯(Vladimiro Montesinos),组成自己的政治联盟,随之解散国会和法院。

任上除了大力发展经济,老藤森还做了一件震动国际的大事。从80年代起,秘鲁一直处于"内部冲突"

（Internal Conflicts）[1]的危险中，主要是因为藏于深山的哲学教授古斯曼揭竿而起，掀起了席卷全国的革命运动"光辉道路"。这场兴起于贫穷的安第斯山区的共产主义武装运动，一度逼近利马市郊，深深地割裂了种族地域关系错综复杂的社会。在藤森的任下，古斯曼被意外逮捕了，"光辉道路"就此土崩瓦解，余部退入深山。

在藤森建立起权力关系网络的过程中，蒙特西诺斯惯用的伎俩是录下贿赂他人的场面，当作日后要挟的工具。没想到，其中一段录像的泄露却成了藤森腐败丑闻的起点。事态失去控制的时候，藤森选择流亡日本，从海外发来电报，辞去秘鲁总统的职位。这时候，大家才反应过来，原来他仍保有日本国籍。后来，藤森受邀住进了作家曾野绫子的家中。

也就是这一年，反对派领导人托莱多当选秘鲁总统。他着手清洗政法系统中藤森的支持者，设法通过外交谈判把藤森引渡回国。这些在民主和公正名义下的行动在法理上陷入争议。不在场的藤森，自然无法申辩或抗议那些针对他的控诉。五年之后，藤森不甘

---

[1] 内部冲突时期，指秘鲁1980年到2000年间因游击革命引发的国内长期冲突，约有七万人死于这段时间的武装冲突。

心地返回拉美，设法重归秘鲁政治。未料到自己最终被智利政府引渡，因贪污和践踏人权罪落狱。他的手下蒙特西诺斯和曾经的死敌"光辉道路"的领导人古斯曼，被关进了同一家监狱，成了低头不见抬头见的狱友。

田麒的车开到了海边。左手边是矗立的悬崖，右手边是夜晚的大海，涛声隆隆，愈见凶猛。他转过头，在海浪声中努力大声说，过来的大半年，已经亲历过几次小地震了。仔细看悬崖那边，果然铺着大网，防止山石滚落。由海岸望出去，延伸数里处有一块巨石，黑暗中仍能辨别出来。据说那是关着要犯的监狱所在的小岛。海的这一边，路灯之下的竞选广告异常鲜亮，点明夜色。一张海报上，藤森惠子皓齿红唇，笑容里有明亮的光辉。她至今在是否要大赦她父亲这件事上含糊其词。

"对了，这几天藤森惠子选举违规的裁决就要出来了。"车拐进市中心时，田麒说。

"不是已经裁决没违规，可以继续竞选了吗？"

"那个举报的人又申诉了。但她弟弟藤森健二控股的公司仓库里发现90公斤可卡因算是没事了，他还能继续当国会议员。这一家人多他妈厉害。"

在此之前，秘鲁的选举委员会已经取消了两名总统候选人的资格。其中引起风波的是以违反党内章程为名取消了胡里奥·古斯曼（Julio Guzmán）的资格。他当时在民调中排名第二，是藤森惠子最大的竞争对手。反对藤森惠子的势力如法炮制，举报她在竞选中贿选。选举委员会在上个星期的凌晨公布了调查结果。当天正是秘鲁和委内瑞拉的足球比赛，之后又紧跟复活节的假期，冲淡了公众对调查结果的关注。

"你真应该看一眼比赛当天的盛况。晚上的比赛，全国一大早就不干事了，什么都停了，选举也不忙了。"拉美人民对于足球的热情举世闻名，甚至超越了政治这个世界第一的观赏运动。

田麒把车停在路边，向我指了指总统的车，"瞧，人已经到了"。

安静的街区，两边的房子在夜晚也能辨别出明艳色彩。街上站着的饭馆，不像是会面政要的地方。经过了二十多个小时的旅行，我已是筋疲力尽，蓬头垢面，衣服也没来得及换。这时候只好想方设法，打起精神来。我和田麒跟保安打了招呼，沿楼梯上去，第二层空荡荡的，只在角落上坐着一桌，桌上的人挥起手，冲我们微笑。想必这就是前总统和前第一夫人了。

总统看着比照片上老些，但绝想不到已经七十岁了。鬓角顺过去几缕白发，岁月在两颊刻着一道道印痕，仿佛印第安人的传统面绘。夫人伊莱恩（Eliane Karp）是位法国人类学家，一头红发是尚在燃烧的焰火。

"年轻人，欢迎来到秘鲁。"总统用英文朝我问好。

"您好，托莱多博士。"我小心翼翼地回答。

同桌坐着两位田麒的朋友，西班牙语老师和美国大使馆的医生。我想起来，今天是田麒的生日。简单寒暄之后，饭菜恰时上桌。习惯了欧洲的菜量，秘鲁餐馆相比之下可算是慷慨至极。我的第一餐，自然是秘鲁的国菜腌生鱼（Ceviche）。新鲜的海鱼打捞起来，直接切块浸柠檬汁，配上紫洋葱，一并奉上。鱼肉边缘被酸柠檬腌得煞白，入口时的一阵清凉，顿时让人精神抖擞。

我出行从不挑食，美食很少进入旅行日程的一部分。那些号称美食之都的地方没给我留下什么特别印象。对于我，食物好像只有家乡和非家乡的分别。但是，秘鲁的第一道菜改变了我的惯念。它的味道如此新鲜和亲切，不带丝毫他乡的突兀，同时，又全然是一道新的味觉体验进驻大脑。我受它的诱惑非常之大，以至于总统的话都听得不那么在意了。

伊莱恩跟我谈起了人类学。大学本科时，我的双学位之一便是人类学,受影响最深的老师彼得·高(Peter Gow)便是研究秘鲁原住民出身。我和伊莱恩自然聊得起来。总统是印第安人,转过头来对我俩说:"娶一个人类学家要小心啊,你永远不知道什么时候自己就成了被观察的对象。"

这句话从一个政治家口中说出有些诙谐。难道政治家不就是要习惯永远地被观察吗?我正这样想着,桌上的话题转移到当下的政局。总统的脸立刻阴沉下去。他认真地听其他人评点时局,一言不发,直到谈及选举的时候,他才缓缓地开口说道:"我已经不清楚是不是生活在自己的国家了。"

总统埋下头,一口接着一口地叹气。伊莱恩忙握起他的手。

十五年前,总统抱着推翻独裁的理想拉下了藤森,成为国家领袖。他辛苦推翻的统治者的女儿如今却是最有可能的总统人选,政治光谱上,再次形成了藤森—反藤森的对立。好像所有的一切都是徒劳无功的反复。

"今年的选举确实让人愤怒。你只在非洲、中东听过这样的故事,什么时候秘鲁也成了这样,简直荒唐。"同桌西班牙语老师是利马人,气冲冲地说。

总统的头抬起来,直直地盯着对面的我。仿佛在琢磨，刚落地的我能否察觉话题的沉重。他抽起桌上的一张纸巾，举在半空道："年轻人，今日的秘鲁就像是空中的一片纸，哪里风强，它就飘到哪里。"

"秘鲁可能曾是这样，但您不也曾经改变了这种情形嘛。"我只好如此应付。

"所以这时候才更需要领袖，人民需要一个领袖。"伊莱恩跟着补上一句。

总统转过头去看她，勉强挤出些笑意。

近了半夜，酒足饭饱，总统和夫人道别先回家休息。从饭馆里出来，我问田麒："我们这算是给总统打气了？"

"打什么气？现在周围人的意思都是选举太腐败，他应该直接退选才对。人民的领袖，指的不是成为总统，是在制度外的不与同谋者。我们现在怎么办，回去是不是太早？还有个朋友的聚会，去不去？"

"去呗，当作是倒时差了。"

我们又开车穿过了利马的几个街区，大半夜还有不少明亮的餐厅，让人想起故乡的热闹。流动的盛宴转到外国移民（expatriate）的派对，都是跨国公司外派或是使馆的年轻人。如想象的一样，派对在高层的海景公寓，落地窗对着黑洞洞的大海。楼底下有门禁守卫，房里除了配备必要的家具，就只剩酒，五湖四海的英语口音。

没过多久，晚饭那杯皮斯科（Pisco）[1]的威力逐渐显现，我离大家对话的距离越来越远了。只记得在谈到选举的时候，聚会中那位唯一的秘鲁人说："我们都知道选举有问题。但你能怎么办呢？"

但你能怎么办呢？这句宣言在回到总统官邸时还在耳边打转儿。

面前的房子，在黑夜中更显得低调深沉。门口数个保安把守。我和田麒悄悄地从车库旁的侧门溜进去。门后迎接我们的是一只黑色的猴犬，见到我厉声嚷起来，被田麒一手抱上了楼。

"他叫Kushi，名字也是Wifi的密码。"

交代完这一句，田麒总算放我去睡觉了。

利马是沙漠气候，晚间的海风款款地吹进屋内，那股清凉温暖的舒适把我从床上托起来，浮在半空中。但我没有像预想的那样迅速地进入梦乡。一股在对话中积累起的燥热驻了进来。我深刻地明白，那是多少温柔的夜色都安慰不了的。

---

[1] 皮斯科，葡萄酿成的烈酒，为秘鲁和智利的国酒。

→ 3

你知道我在中国见谁了

我再一次想起和总统初次见面的时候,离大选结束已经过去了半年多。

生活回归平稳不惊,大选和秘鲁,正在重新变得遥远和不真实的时候,我又一次,在出乎意料的场合,见到了能够证实自己记忆的总统。

田麒依旧坐在驾驶座上。我们的车,停在了钓鱼台国宾馆门前。北京的深秋,对于一个南方人来说,冷得干脆和不容商榷。空气穿透肌肤的干燥,却是在利马的似曾相识。上个月,我从田麒的手中接过他租住的公寓。我到北京的当天,他正飞往利马。现在他回来了,还把总统也带了回来。我们的座驾,由秘鲁时的小起亚换成了如今的捷豹,宽敞得让人困意重重。田麒在公路上愤怒起来,破口而出的词汇却没变,还是一连串秘鲁风味的西班牙语。

裹着军大衣的士兵,正步走到了车灯的前方。他的身影在一片白光中,勾勒出黑色的轮廓。口中喘出的雾气,车身散出的热气,又模糊了这轮廓。白光不可及的身后,影子一般透着些深黑。他检查过我们的车号后,高大沉重的铁门被缓缓移开,轮子在地面上划出一道严肃的声明。我们的白光得以继续前行。

"前政要住这头,现政要住那头。"

分岔口,田麒抬手给我一指。总统在住所楼下的大厅等我们。侍者为我们打开门后,总统的笑脸从后面露出来。我未见过他如此开心的样子。

"在这里又见到你,真好。"

总统笑起来的时候,脸上沧桑的丘壑汇到了一块。

"这话应该是我说,总统。"

我紧紧地和他握了一下手。

他拍拍我的肩膀,眼神仍然没有离开,仿佛要仔细辨别我的面容,唤醒他半年前的记忆。他口中嚅嚅地想说些什么，但没有词句吐出来，只是招呼我在他身边坐下。

"先生，你要喝点什么吗？"

吧台的服务生走过来询问。如往常一样，总统要喝葡萄酒。田麒在手机上摆弄着什么，如往常一样，要了健怡可乐。

总统转过头来对着我，嘴唇开阖，还是没有话语流淌出来。

"你看上去气色好多了。"我说。

"是吗？"总统点头的样子甚至有些腼腆。

"你看，大家都说你的气色好了。比起大选的时候。"田麒的注意力仍然没离开手机，但这不影响他参与对话。

总统的脸上泛出异彩，像是忽然间有一道光从头顶照了下来。他的嘴角扬起来。

"你知道我这次来中国见到谁了吗，我才和……"
"先生，不好意思，没有葡萄酒了。"
服务生打断了总统的话。
"没有葡萄酒？"总统惊讶地回答，"那金汤力吧。"
服务生再一次转身离去。
"你看看连酒都喝不上。"

总统指着喝可乐的田麒，玩笑式地抱怨道。田麒腾出一只手，用手掌压住易拉罐，手指拉开盖子，眼神依旧没有离开手机。

"我们刚刚讲到哪儿了？"

总统又转过来对着我："哦，对了。我这次来，见到了……"

"先生，您的饮品。"

服务生端上带冰的琴酒和一罐通宁水。

总统打开罐盖，水泡迅速滋滋地冒上来。他急忙把嘴接上去，右手伸出去够杯子。他吸了一口后，头立马侧过去，气恼恼地把杯子推到我面前。他想让我尝尝。总统碰到好喝的和难喝的，总习惯把周遭的人一起拉进来和他分享。他说过，自己是个喜欢分享的人。

当我端起杯子的时候，总统的电话响了。秘鲁电台打过来采访电话。他站起来，往窗边走去。田麒趁这时候跟我解释，大选后秘鲁的政治正在重新洗牌，国会中的藤森支持者现在正准备扳倒教育部长。总统和在任者达成同盟，帮他制定对策。这次安排的采访就是关于教育部问题的。教育部长是大选之后唯一没有离任的内阁成员。他整顿私立大学，提高教学质量的改革，无论放在政治光谱的哪一端都不该有什么争议。但如今，他也成了政治斗争的焦点。

指控是贪污，一种没什么想象力但又屡试不爽的攻讦手段。民主或不民主的政体，都似乎没能阻止政治从寻求公共利益下滑到集团和个人的野心。而我们听到这样消息的时候，最初的愤怒和抗争的欲望已经消失殆尽，也没方法阻止政治热情消散为置身事外的习以为常。

总统在落地窗前来回踱着步。他一手拿着电话回答着问题，另一只手在空中比画，犹如竞选辩论的姿势。落地窗旁，一面黑色的大理石墙，细水从缝隙中流出，集成底下的一池水潭。涓涓的流水声，伴着总统激烈的西班牙语，大理石地面上来回的脚步声，大厅顿时显得安静了许多。

他回来了，坐到椅子上，解开西服扣子，靠在椅背上，长舒了一口气，露出胜利者的姿态。夜色渐深，大厅里只剩下我们三个。总统的英文也愈加含糊，就快要听不明白他的意思了。他忽然拍了拍我。

"你是哪个学校来着？对，牛津，牛津尚可，但还是不如斯坦福。"

他向田麒眨眨眼，我们都笑起来。我已经数不清这次对话之前发生过多少次了。等他快站不稳的时候，总统起身，挥挥手，意思让我们不用送了。他一人走入电梯，还没转过身的时候，电梯深灰色的门已从两边靠拢过来，把他的背影越缩越窄，直至剩下一条细长的缝，在我眼前做了最后的停留。

我们在深黑的夜中出了钓鱼台。

"人都需要出来走走，散心。你看总统也是。"

田麒单手转动着方向盘，另一手在回信息。

"他这样的日子多舒服，周游世界，顺带着赚些退休金。"

总统此行除了官方的会晤，还有大学的演讲和国际评级公司的咨询头衔。

"对了，你还记得安娜·玛丽亚（Ana María Romero-Lozada）吗？她又回去当部长了。"

田麒开车经过长安街。两边的华灯是夜中绽放的花簇。

我当然记得玛丽亚，我到秘鲁的第二天就认识了她。

→ 4

独生子女

秘鲁的第一个早上，我是被狗叫醒的。

朦胧中睁开眼，Kushi正叼着它的玩具，蹲坐在床上摇头晃脑。一双黑亮的眼珠，直溜溜地盯着我，不晓得它怎么这么有精神。伸手摸到表，还没到七点，可见时差并没如愿被酒精消去。我不情愿地坐起身，Kushi误以为我同意了陪它玩的请求，一路兴奋地往下跑。我顺着玩具的叮当声，到了楼下。玄关摆着印加雕像，两扇深褐色的前门，从房顶垂直而下。继续随狗吠向前，两间宽阔的待客处，已有人在来来回回地穿梭，完全没有注意到我的存在。透过客厅落地窗，绿油油的后院，石阶点缀其中，杂树映在其后。

往左边，厨房是最热闹的地方。电视传来喧嚣的新闻，保安、司机和竞选团队在这里休息和议论。厨房对面的庭院中是一块泳池。从车库引来的水管横趴，正往里面吐入晨间的新鲜。强烈的日光，经池水一折，分散到厨房各处。水龙头，玻璃杯，水果刀，每一件物品的表面都镀上了一层耀眼的日光。彼此交相辉映，点亮了整个屋子。

厨房的桌上整齐地摆着当天的几份报纸，提醒世俗世界顽强的存在。我走进去，扶正眼镜，看清楚电视上播放的是藤森惠子贿选案的庭审画面。藤森惠子没有出现在法院。不过，她那一张海报上微笑的脸庞，出现在了报纸头版。报纸最显眼的位置，放上了周末总统候选人辩论的分组结果。总统的对手是这回选举的黑马，维罗妮卡·门多萨（Verónika Mendoza）。她让我想起亚历克斯的女友罗拉，同样是欧洲、秘鲁双国籍，同样的长发和姣好的容貌，同样的精英教育和左派政治立场。她们要去代表一个自己不属于的阶级，为他们争权益。门多萨生于1980年，她的年轻比藤森惠子引人注目。年轻人和女性参政的社会总让人面目一新，更不用说两者的叠加。刚参选时，门多萨的支持率不到百分之一，如今扶摇直上到了第三，真的成为一项政治上的可能。"可能"是对政治生涯的最大褒奖，不是"可行"或是"可干"，而是"可能"。从这个词开始，个体野心开始膨胀，进入公众空间。

与崭露锋芒的门多萨辩论，看似要倒吸一口凉气，责怪自己的运气不佳。然而事实上，这可能是一个好机会。总统一直苦于争取公众的关注，现在关注来了。辩论上总统不吃亏。毕竟，他比门多萨老道许多。只是不知道昨晚之后，他在选举的去留上有没有下定决心。

家里的用人胡妮塔是印第安妇女，背后乌黑的卷发，麻绳一样扎起来，些许白发掺在其间。她见到我的时候，没有丝毫的吃惊，似乎一眼就看穿了我的语言能力，只是点头问候早安。我一心盯着新闻的时候，她端过来鲜榨的果汁，下巴处微微抬手，示意我喝掉。我把空杯子递回去的时候，便完成了一次超越语言的沟通相识。

总统读到辩论分组的时候已经是午后了。他起得晚，胃口也不大，下楼的时候，脚底落到地板上，如同遥远的地方传来的鼓声，沉甸甸地传到每个人的耳中。像是按了暂停键，客厅厨房穿梭的人猛然停住了，过了数秒，脚步声确定无疑地在楼梯上继续时，大家恢复了运动，比之前的更快更急。总统的头发梳得整齐，不像是刚睡醒的样子。他点头和大家问好。用过早饭，慢悠悠地，翻看报纸的政治新闻一栏。田麒要同我去见一位前部长玛丽亚，我们过来跟总统请辞。

"如果您决定退选的话，我们公关方面也要准备了，总统。"田麒想知道他是否下定了决心。

"你从哪里听说我要退选？"总统双手叠在胸前，反问道。

轮到我和田麒尴尬地站在那里了。

"如果您有决定的话，请让我们尽快知道就好。"田麒只好撂下这句话出门了。

"怎么一早上起来昨晚的事就全忘了？"这种模糊和反复不是第一次折磨田麒了。依他的意见，总统如果退选，凭着完成民主化的历史角色留个好名声，在国际上肯定受待见，家庭上也能重修于好。

"It is all about legacy."

这都是政治遗产。夫人伊莱恩是法国籍的犹太人，早厌倦了秘鲁的政治，随时可以离开。他们只有一个女儿，当年在选举中被政敌作为首当其冲的攻击对象，身心俱疲，疏远了这个家族和国家。托莱多要继续留在这场没什么希望的选举中，而这恐怕只会在精神和身体上拖垮这位老人。

和玛丽亚见面的地方定在闹市区的馆子，队伍一口气排到了街上。小贩向等座的人叫卖冰激凌和略萨小说。玛丽亚在和约定分毫不差的时间出现了。她戴着墨镜，身着短衫，斜挎着包从街对面走来，像是刚完成早晨购物的大妈。瞧见我们，她先是一笑，把墨镜推上额头，露出透彻又不失温和的眼神，含着见面就让人放松的气质。她轻抱了一下我和田麒，像是家族的长辈遇到了新晋的晚辈。点过餐，我那杯奇恰（Chicha）[1]还没见底，话题又到了总统退选的问题上。

几年前从部长的位置退下来后，玛丽亚负责总统和拉美政要共同建立的基金会，在偏远落后地区从事减贫发展的项目。总统的参选，意味着基金会所有的外来资金都因为避嫌中断，这让她的态度在一开始直截了当。

"但他现在不该退选，太迟了。现在退选，瞧上去像一个失败者，和那些机会主义者有什么区别？"

"我在这里什么作用也没有。如此摇摆来去，我做不了什么工作的。"田麒抱怨道。

"你的作用是精神上的支持，现在总统身边的人

---

[1] 奇恰，紫玉米做成的一种常见秘鲁饮品。

他还能信谁？你在，他至少心里有安慰。你们是没见到他上次选举的情形，那时候民调一直在前两位，总统每天被围得水泄不通，我跟他连说话的机会都没有。败选之后的第三天，我去看他，门可罗雀。总统一个人沮丧地坐在那儿，时不时地拿起无声的手机查看，以为是手机坏掉了。"

总统的落差转移为对周围人的不信任。他事实上也没理由信任那些时来时往的人。整个党没有团结起来的意思，议员们都在忙着为自己的前途考虑，为下届的高升匆忙做准备，从他们的腰包中挤出些总统竞选经费难于登天。不久前，党内提名的副总统候选人跑到报社，抖消息说总统今年之后就会退休，力图从他的手中接过全党。至于那位一直跟在前总统身边的手下，则通过兜售和总统见面的机会中饱私囊。

总统知道这一切，除了生气也没什么办法。只能让田麒这个语言上不通、利益上看上去中立的人，给他一点心理的慰藉。

"你是他唯一的孩子，你得留下来，反正只有两周了。"

前部长对田麒说。

"在中国做独生子女，出了国还是一样。"

听到田麒这句打趣，我们不由得都笑出了声。

知道了总统的这些事，我看他肩膀上的负担更沉了，像一块巨石，日日夜夜压着他。我读拉美历史，时常感同身受。经历过几个世纪的苦难和挣扎的国家有精神上的共鸣。乌拉圭人爱德华多·加莱亚诺（Eduardo Galeano）[1]称这片大陆是"被切开的血管"：先是在一场血腥的殖民浪潮之中，失去了本土文化和人口，后来又被美国抢去名声，沦落成二等的美洲。拉丁美洲向外的输出，只剩下了原始资源和讲述第三世界困境的依赖理论（Dependence Theory）。政治在军变中更迭，经济在危机里震荡，仿佛世界的其他地方都在朝前走，拉美却在原地踏步。不由得让人想起《百年孤独》中老祖母乌苏拉的那句感慨：怎么世界老在打转转儿？

我正在院子里读着这样的历史。总统刚开完一场会，拉开客厅门，没穿鞋，漫步到院子的草地。他的目光聚在眼前的什么物件上，走了神。过了一阵抬起头，伸了伸腰，在草地上无目的地转悠，忽然一下发现了躺在院子里的我，调整了脚步，朝我走了过来。我急忙站起来，话从我的口中流出来：读你们的

---

[1] 爱德华多·加莱亚诺（1940—2015），乌拉圭记者和作家，著有《拉丁美洲被切开的血管》（1971）等。

历史，觉得好累，身体都被压着了。总统没有直接回答。他盯着我的下巴或是肩膀的一处看，似乎还在方才的思考中。我意识到他不高，比我矮去了一头。接着，缓慢地，他以低沉但清晰可辨的声音说，假如觉得累的话，就耸耸肩。边说边伸直了腰板，升起目光，和我水平对视。我听了他的话，心里顿时轻松了不少。他点点头，示意我回到舒适的姿势里，自己转身向客厅走去。他的背又坍塌下来。我望着他驼背离开的身影时，觉得在他肩头的那一块巨石，不是顷刻间能放下的。

这一天，在总统的客厅里，坐着欧盟选举检察团的代表。今年的检察团进驻比以往早，或许是察觉到选举的非常态。托莱多夫妇，面对面地和检察团的代表坐下。旁边的沙发上，坐着竞选团队中的主管们。其中有一位亚裔面孔的大叔，家里几代前从广东移民过来，在我们来之前，他被大家称作选举阵营里的"中国仔"。大叔见惯了这种场合，在沙发角落找了个地方坐，有意无意地听着，过了一阵，索性打起瞌睡，闭上眼。副总统候选人也来了，一袭石榴红的大裙，挑了一把总统旁边的椅子坐下。大家刚问候完的那一小会儿，屋里出奇安静，副总统候选人手中的茶匙搅动咖啡时，划过杯壁发出了一阵清脆扰人的声响。

欧盟代表团先开口了，两方争论的焦点是推行电子投票的问题。总统夫妇不太认同这场试验，选民在之前没有经过教育培训，况且电子投票只有西班牙语，会给印第安原住民的投票带来困难。我想起街头的竞选广告上，在候选人的代号和党徽上都划着黑色的大叉。据说，这种违反美学常理的设计是为了提醒选民正确的投票方式（是划叉而不是打钩或涂写），免得出现废票的情况。

回到电子投票的争论。欧盟代表团把这当作必然的趋势，顺带不点名地批评了一下秘鲁政客，到现在还成天互相攻讦，完全没有政策领域的严肃讨论。在他们看来，所有没有理所当然进行的东西都应该理所当然地进行下去才对。一来二去，多是牛头不对马嘴，多数人拿出手机打发时间，欧盟代表也识趣地开始总结。

当然，这屋内的争论到了屋外的新闻发布会上，就成了"积极友好地交换意见"。总统朝外面走出去，一时间，我和田麒不知所措，是跟着还是留下。一站起来，也没了选择，只好是跟着人群往外。快到门口时，秘书急忙用手势提醒我们，小心外面的相机。一迈出门，果然就是接连不断的咔嚓咔嚓，闪光灯叫人睁不开眼。我只好侧过头和旁边的人继续对话，免得显出初来的生涩。新闻发布会结束,欧盟代表乘车离开,总统接过话筒,借着记者光临的机会抨击选举对手。

与此同时,屋内选举团队的成员吵成一团,谁也不清楚接下来的策略到底如何。竞选经理有好几天没出现了。伊莱恩看到这个场景,也只能摊手苦笑。她捅了捅站在一旁的我,问道:"这是你想象的民主吗?"我还没来得及作答,院子那边突然传来一阵骚动。总统走了出来,头上戴着黑色防毒面罩,活像星球大战中的黑武士。我们说,您这样一捂,都认不出你是谁了。总统新闻发布会后的心情似乎转好,笑着回道,只要不把我当作敌人就好。

他们说,面罩是为反对藤森家族的大游行准备的。

田麒没有进院子。他独自站在阴凉的厨房里,透过玻璃门给我示意,是溜出去的时候了。才来不到一周,我们就形成了"压压惊"的习惯。每当经历过一整天的秘鲁政治后,我们立即驶往利马中上阶级的街区,坐下来狼吞虎咽一顿,以找回些旅居者的身份。很快,我们成了一些馆子的常客。比如早饭点"朱罗的面包",坐落在闹市区的背街,配置是木长桌、有机咖啡和人手一台的苹果电脑。周末的时候,全家老小挤进来，腿边蜷条毛发洁净的拉布拉多，加上那来自西班牙加泰罗尼亚的面包师，一幅悠哉闲适的中产图景就此绘制完成。

大城市的诸多幸运和不幸都源自多种生活的可能。如果你想的话，利马的日常生活，可以和欧洲如出一辙。至于游客，要是只在首都短暂停留，在海边富饶的米拉弗洛雷斯区（Miraflores）喝杯酒，随后前往印加古都探访马丘比丘，便会觉得秘鲁诚不我欺，符合旅游手册上宣传的风光无限之地。变戏法般的层出不穷的美食，心宽热情的当地百姓，无疑佐证了这个判断。

初来乍到，容易陷入两种极端：要么过度浪漫化，觉得一切都妙不可言；要么时刻想逃离，觉得什么都一地鸡毛。我们失去了前者的不知之乐，只好贪图享受，以免坠入后者。其中的讽刺不言自明。提议去"压惊"的时候，难免带有自嘲的意味。这是要给谁压惊呢？误入了本不是给你准备的现实，所受的惊吓到头来也怪不到别人身上。至于在非本地的区域找些外来人的现实，又是在安慰和欺骗谁呢？我们明知这样行径的虚伪，但又舍不得它白白流走。

至于自己那点浪漫主义的幻念，早已被现实戳破了。不是因为目睹政治运作生态的腐败无望，反倒是因为发现了过程异常枯燥、漫长和无趣。会议、碰面、吃饭，在无关选举结果的事上推诿责任，说好的约定作废。然后，重新开始会议、碰面、吃饭，再次握手言和。如此循环往复，周而复始。《圣经》里有不朽之国（Eternal State），后来苏联拿去了这个称号，罗马是口耳相传的不朽之都（Eternal City），以此类推，那么政治就是"不朽的无聊"（Eternal Boredom）。前二者都有被质疑真伪、面临崩溃的危险，唯独政治是真的不朽不腐。只有它能够随意地抛洒质疑。

好歹我是政治学出身，理应对这一切有心理准备，但到了这里，仿佛学医十年，头回上手术台，惊恐万分，手足无措。对于医生，还有救活病人的明确目标，偾张的鲜血保持警醒。我却被无尽的反复和模糊的目标折磨着，时刻都是身心疲惫的状态。那些政客的回忆录，只是选择性地告诉你"做政治"时少数的激动人心的时刻，全然不记日常政治中的百无聊赖，真是不折不扣的职业骗局。这像是一个庞氏骗局，只有靠后面不断涌入的新鲜血液，才能维系整个系统的运转和缥缈的权威，当为此耗尽一生后，也很少有人鼓足勇气站出来，宣告这是一场无谓的活动。

当我意识到政治操控了时间，厌恶才真的开始。它把时间延长、缩短，界定时间有用、无用。时间于政治，亦如拉面师手中的面团，被任意地搓揉来去，挥指间，伸缩成型。有事干的时候，处于凡事都可能徒劳无功的焦躁。没事干的时候，又有一种赋闲者的担忧恐慌，生怕自己被排挤出了圈子。我原以为政治是用权力来吸引人的，结果发现它是靠时间来控制人的。你痴迷忙碌，似乎整个世界为你起舞；上瘾之后的脱离，立即诱发恐惧和寂寥，害怕自我无关轻重的责难。一如总统当年，望着无声的手机。政治即时间。它把时间和人生挂钩，赋予不可替代的意义。从此你背着它，直到你生命的最后一刻，熬完了所有的时间。

我这时候想起多年以前读的萨特的小说《厌恶》，发觉了自怜自艾的抱怨。可是，理性的认识意味着什么？什么也没有。反思是个体对政治的思想叛逆，是"精神鸦片"，"弱者的武器"，知识分子的"阿Q精神"。一场后现代主义风风火火的解构，带上福柯和德里达的狂飙，连一地鸡毛也没有。思想成了行动的反面，你还别无选择。一旦进入行动，参与到政治中，无论你是要守护还是颠覆，时间已经如沙子般流进去，你便已经输了这场斗争，直到死时才知道被政治剥夺了一生。我们是时间的奴隶，而时间投奔了政治。

我很是牢骚了一阵。

田麒看到我的样子，不免嘲笑地说，你才来几天就烦了。政治圈子非常狭窄，聚餐的地方，谈论的事务，都狭隘地集中在了一个小的地界和阶层之内。所以，要逃离时间的控制，第一步是空间上的逃离。多亏了喜欢到处乱闯的田麒，他待的时间长到足以接触不同的社会存在了。

找了清闲的一日，田麒和我前往利马的贫民窟。大量涌入城市的移民在没有土地所有权的沙漠中搭起棚户，一步步向城市蚕食，当地人管这叫"入侵"（Invasión）。等车到了城市的边缘，楼房越来越低，裸露的沙丘看不到了，眼前开始出现密密麻麻的棚屋，七倒八歪的水泥房。它们爬满山丘每一寸地方，依着山势起伏，有些屋顶上还裸露钢筋。修起台阶的地界，算是成熟稳定的社区，新开辟的领土则保持着原始的沙地。这像是暴风雨前，从地下涌出来的千军万马，占据了山丘，不遗余力地，在扩张持续膨胀的领地。盘山上去，有一个庞大的蓄水缸，供给周围住户的生存必需，我错把它认作教堂。穷人和富人接壤的山头，一堵高墙将它们隔开，确保泾渭分明。[1]

---

[1] 利马最有名的穷富分隔墙位于圣胡安德米拉弗洛雷斯区（San Juan de Miraflores）和圣地亚哥德苏尔科区（Santiago de Surco）之间，又称"羞辱之墙"（"Wall of Shame"）。

秘鲁被有形地隔裂。隔裂开的区域，再分成一个个细小的社会网格。我在书上看到，在高谈阔论时提及，甚至洋洋洒洒地写下阐述社会分化的数万文字。殖民时期，上层阶级用墙围成自己的领地。20世纪50年代开始，农村人口涌入城市，利马的人口在过去的六十年间翻了十倍。受到内战冲突的影响，流民在市郊的荒地上找到栖息之所。占领了一段时间，政客出现，呼吁承认他们的土地权，颁发文件，以换取他们的政治支持。郊区城市化，富人迁徙，两个阶层在物理上遭遇了。即便一边的人经常要去另一边打工，做体力活，每日穿越往返，但这一道要"阻挡犯罪"的墙，还是在两者之间屹立。

当这种隔裂以直观的视觉形式呈现时，你感觉从未理解过它。如此的鲁莽，不加修饰，不含抽象。生肉不经烹饪，血淋淋地摆上台面，找不到恰当的形容词，撞车一样的冲击。目眩，耳鸣，天旋地转。一股强烈的挫败感袭了上来，先是为社会不公感到恼怒和无力。然而，更大的不适是对所处现实的深刻怀疑。你想要转身逃走。要把头埋下去。要回到自己的生活里去。

上天似乎有意让这一切更为虚幻：那一座毗邻贫民区的空山丘，被涂上了巨幅的藤森惠子的竞选标语，她的名字（Keiko）近乎占去了整个山体。标语的洁白整饬，周围灰蒙蒙的无序建筑，像是来自两个不同世界的生物，硬生生地被摆放到一起，让你想起后现代美术馆中一场糟糕的展览。细想之后，又可能是大师前所未有的装置艺术，把极致的冲突和荒谬，浑然天成地融于这座山丘。那白色的标语生气勃勃，似乎能马上站起来，甩起胳膊，抖掉身上的泥土，朝我们走来。

"现在明白，原来拉美没有魔幻现实主义了吧？"田麒拍拍我。

"其实都他妈是现实主义。只不过大家不愿意相信拉美的现实。"

我和田麒以马尔克斯的开篇调侃自己。和行刑队前的上校不同，多年以后，我们想起年轻时在秘鲁的日子，心中一定会浮现出这个巨大的K。如果不像我们以无耻的逃避，来对付道德的不适，你真的得有"置身事外"的修养。田麒开车接过一位这样的美国人。当经过万家灯火的贫民山丘，听到城建改造的计划时，他不由得问道，"为什么要改？这样不是挺漂亮的吗？"（Why? Isn't it beautiful?）我吃惊怎么穿越过千百人的生活，把这一切当作景色来欣赏。美国人是世界的幸运儿，那是幸运的保持无辜的能力。一旦你目睹过里面的场景，这超能力的享受就永远地消失了。

我不断地告诫自己,这是别国的选举,何必心生烦恼:作为一个局外人,你什么也改变不了。但我很快发觉,人是不能以如此客观的视角看待周围的,要求过高,需要同理心的搁置。凡是体会过哪怕他者一丝一毫的感受,他们的经历和情感就同你连接起来。你是可以转过头去,不管不看非礼勿视,但你无法否认这种联系。物理距离是决定性的。这和你电视上看的,书上读的,别人口里听说的,都不一样。一染缸的墨汁,就这样泼到心田,你怎么洗涤也是没用了。我想起了不能继续人类学的原因,因为我尚无法"置身事外"地观察、记录这一切,不能用"另一种文化"来舒缓心中的不适。田麒嘴上说着客观冷静,心里也一样。他立志做纪实摄影的话,在总统沮丧醉酒的时候,应该毫不犹豫地端起相机才对。但凡是你还在把对方作为同等的人,就很难下手。那些绝佳的作品,现在看来,总有一点漠然的冷酷。

唯独在一件事上我适应得很快。那便是"取消的文化"。说好的事儿在下一秒就能轻松地变成虚拟时。除非已经坐到了桌上,不然我是绝不敢拍胸脯说,今天定了和谁吃饭的。时间似乎成了一个充满流动性的概念。我们被"取消"多次后,也开始"取消"别人了。

从贫民窟下来的这天,我们说好了去一位当地议员的拉票活动。党派办公室位于哄哄的集市里,没有门牌号,我们很是折腾了一阵,才摸清地址。门口趴着两只土狗,保安刚从午睡中醒来,一脸不耐烦的样子。见到两个外国人,以为是找错地方的游客,把我们拦在外面,说这里没有厕所。直到来接的人下来,才不情愿地抽起手,放我们上楼。

二楼,闷热的屋内传来风扇的嗡嗡响声,听着像一只巨大的苍蝇在空中巡视。空气浑浊,地板上蹭得油亮,人们脸上大汗淋漓。十几个年轻人挤在同一间屋内,正把调查问卷的内容手动输入电脑:根据党内自己做的民意调查,总统的支持率比媒体公布的高一些,但也没高到改变时局的地步。

招待我们的人叫胡安,摄影师,身宽体胖,戴着黑色粗框眼镜。他是团队里我最喜欢的人,因为他离政治最远,纯粹把这当作技术性的工作,所以总能保持悠然自得的态度。我也是从他那里,学到了秘鲁的国骂。胡安卧在沙发上,对我说,这可不单是骂人用的,如果你感觉爽了,就可以来上一句。他眯上眼,做出刚刚咽下一口啤酒的样子,比如这酒如果好的话,你也可以来上一句他妈的。

快到议员活动的时间了,我们把车从满是行人穿梭的停车场折腾出来，跟着竞选的车开出去，没多久就被堵在了天桥上。利马的交通混乱不堪，车子梭鱼一般到处流窜，身上的擦痕和战士的伤疤一样，似乎是引以为豪的事儿。

前面的车突然打起双闪，停了下来。我们以为有了什么剐蹭。过了三五分钟，车门开了，胡安哧哧地跑过来，跟我们丢下一句，拉票活动取消了。

"说取消就取消了？选民还不得造反？"

"没关系，大家习以为常了。"

"他妈的。"我现学现卖了一回。

胡安大笑。本地人总能从外来人的骂娘中得到满足，好像那一句骂人的话打破了文化的隔阂，你不再是一个彬彬有礼的客人，而成了有血有肉、有不良情绪的正常人。本来和竞选人约在一起的晚饭，自然也顺带取消了。又是一事无成的下午。我和田麒返回城区压惊的时候，落日的余晖还没从常去的那家馆子中撤离。旧城的这家馆子由家庭经营，没有菜单，每天一道固定的主菜。

田麒先要了一份面包和焖酱，来安慰迫不及待的胃。招牌的焖酱，是拿生蒜泡在醋里直到发绿，再同野菇、洋葱和香菜一起慢焖，烩成的浓烈酱汁。面包一蘸，带着层层叠叠香气的酱汁被迅猛地吸收，在口中铺开了一片味觉的原野。霎时,所有的烦恼和焦躁都到了九霄云外。

食物从来没有在我的人生中扮演过这样的角色,它此刻创造了另一个现实世界。这个现实的触感强烈,让你和前一个或后一个现实远远地隔开。在这里,那些与人打交道、与社会斗争的恩恩怨怨不复存在,你只需要面对眼前的物。这些没有情感的物质组合在一起,竟成了富含多重感官享受的存在,不失为一个奇迹。我开始重新审视食物,明白人为什么能从看似无望的生活中超脱:痛苦面前一定有美味,那是人和痛苦对抗时创造的现实。

这家小店还有一个特点。它充分引入了利马强烈而充沛的阳光。前门打开,后面的屋顶凿开一块,整个屋内无比敞亮。你在里面,朝门口望去,什么也瞧不见,只有一片强烈的光,强烈到让你忘却后面是什么。那后面藏着一片神秘的大陆、无限的风情。只有你走出去的时候,街巷的景象才逐个显现出来,提醒你回到另一个现实的空间。

梅尔维尔(Herman Melville)[1]曾写道,利马总是

---

[1] 赫尔曼·梅尔维尔(1819—1891),美国19世纪小说家和诗人,关于利马的描述出自其代表作《白鲸》。

被一团白雾笼罩,是最奇异和忧伤的城市。这团白雾,非但没有在阳光下消散,反而掺揉在这片强烈之中,悄无声息地栖在这座城市的脸庞上。我被如此的白光晃得睁不开眼。它能在任何的平面上反射、折射、穿墙透壁。古人看书勤奋,"凿壁偷光",穿破邻居的墙以在晚上借光苦读。我没有这样的意识和觉醒,但生活的屋子里,上上下下,被凿开了洞,容得白光照下来。在这片白光中,理应是敞亮清白,万物可见,实际呢,却是连周边东西的轮廓,人的面庞,都看不见。一切都在这片白光之下,充满欺骗诡谲狡猾手段的白光,让你置身其中,一无所知。

→ 5

一次赌博

如果总统屋内异常地安静,听不见榨果汁的搅拌声,或是用人的窃窃私语,那一定有严肃的会面。我们那天中午回来的时候便是如此。党内的关键人物都到齐了,不苟言笑地坐在客厅里,看架势是在讨论总统要不要退选的问题。田麒想去列席旁听。我想这肯定是漫长的西语听力练习,索性上楼休息去了。

躺在二楼的床上,楼下传来的声音,处在精妙的平衡上。我听不清楚每字每词,但也漏不掉哪怕轻声细语的一句话。总统第一个做陈述,无非表达了自己退选的念头。很快,转入你一言我一语的讨论。激烈的赞同或反对还没有出洞,大家尚在摸清总统的真实意图。突然,有个高亮的声音冒了出来,与总统针锋相对。这该是第一个反对退选的声明。总统沉默了一阵,后来不知道为什么恼怒起来,双方对着叫嚷。竞选经理这时候姗姗来迟,刚开口就被要求闭嘴了。

来来回回,已经近一个小时,争论还没有到边儿的意思。田麒也耐不住了,开始跟楼上的我发短信。我俩赌上一瓶上好的皮斯科,看总统最后到底退不退选。不知总统说了句什么话,大家哄堂大笑,拉紧的弦一下子松弛下来。之后,又是你来我往的拉锯,但欢声笑语的比例提升了不少。总统做了一个什么声明,掷地有声。大家雷鸣般地欢呼雀跃,鼓掌叫好,就像总统又选上了总统一般。

与此同时,田麒给我发来骂娘的短信。看来是我赢了,总统暂时决定不退选了。客厅的一行人拉着手到了院子,又唱又跳,手舞足蹈。但这个欢腾的景象没持续多久,不一会儿,这些政要就三三两两,分散到屋子的角落,去进行各自的小话题了。

田麒这个时候也终于解脱,跑上楼来找我。

"你说,这一帮人是在演戏吗!看着我都傻了。"

"少废话,愿赌服输。看来,你对民主政治还不够了解。"我笑着说。

"别跟我提民主,提到民主我他妈就cynical(愤世嫉俗)。快走,饿死了,吃东西去。"

我俩刚准备从这个戏剧的舞台上溜走,不料被总统逮个正着。他执意让我俩加入饭局。

于是,我第一次有幸见到了"剧团"的全体成员。

大家前去聚餐的馆子田麒瞧不上,只觉得是价格贵而已,端上桌的东西毫无特色。我们在天台上拼起长桌,邻桌情侣见是托莱多,上前来求合影。总统欣然同意。照完相,总统死活不愿意坐到中央的正座上,坚持要坐在我和田麒的旁边。于是乎,全桌的眼光都集中到了我们这个角落。

政要们打量着我,心里估计在嘀咕,哪里又冒出来一个中国人。打量之中,我的饭自然吃得别扭。按常理说,政治家是善于伪装的动物。可这一天,我顺着投过来的眼神反望回去的时候,却觉得他们昭然若揭,一览无遗。无须旁人的指点,我一眼就认出了跟随总统多年的老臣,一心想夺位的议员,借头衔出去招摇撞骗的竞选经理,以及琢磨什么时候退党的机会分子。他们的喜怒和欲求,都一丝不挂地写在了脸上,像京剧人物,根据角色性格的不同,画上颜色各异的脸谱。

总统全然像是没看到这一切。给我夹菜,又把酒杯推到面前。比起我,他对这些人的欲求更应心知肚明。此刻,政治是一块精美茂盛的皮毛,远处瞧上去,纹路复杂,拨开一看,五脏六腑,其实都是平常人的配备。在座各位的直白,让这一切不那么诡谲神秘。总统的"糊涂",精妙维系了一个社交场合应有的仪式。他用西语严肃地和旁边人谈过局势,教训完后,转过头来,拿英语和我微笑着谈论自己访问中国的经历,我无所适从地回应着。

所幸,旁边还有一个会说英语的戴维。他是长居美国的秘鲁商人,据说是做羊驼毛的生意,第一次见面,便同我绘声绘色地讲毛衣质地,说他的毛衣被谁和谁穿过。这次回来帮忙,也被团队当作"局外人"。他的头发往后梳得笔直油亮,深色牛仔裤、白色衬衣,西服外套,手中不离一个黑色的迂腐公文包,感觉总是在去签合同的路上。和大多数人不同,戴维坚信,选举尚存大有可为的空间,面前还有一个接着一个的窗口期,提供着力挽狂澜的纷纷机遇。

我厌烦老成的政客,也难面对不开窍的戴维。他如同站在悬崖边上,心想要把一群四散的马牵回来。这不,他跟总统嘀咕完一阵后,又过来和我们商量社交媒体的策略。总统明天就要参加全国辩论了,我们现在还没拿到辩论的纲要，戴维觉得这难以理解。身为一个秘鲁人，他觉得难以理解的事情比我们还多。他指指餐馆里播放的橄榄球比赛：

"我不明白这个国家的餐馆为什么要放这些没人玩的运动；不明白为什么我们整天批评美国，同时对它的一切趋之若鹜！"

他嚼着口中的汉堡，有声有色地讲起早些时候和民调公司的碰面。对方明确地告诉他，来得太晚了，如果早点来找他们，还能在数据上做些手脚。这种最原始的交易形式，摆在商人戴维那里，又成了一件难以理解的事。

"所以我们现在怎么办？帮忙出出主意。"戴维问道。

"能有什么办法。议员不是答应出钱了吗？"我说。

"没有。大家只是点头表示支持总统参选，其实都在等明天全国辩论的结果。谁也不想现在扔钱进来打水漂。"田麒瞟了我一眼。

"还是一群围观的人。"戴维说。

"总统也是想赌一把。"田麒摇摇头。

和戴维分开后，已是凌晨一点多了。我们想着明天还要早起，赶在辩论之前做些准备，便立刻倒下睡了。第二天，总统并没有起得比往常早，取消了上午的竞选活动，吃过饭就把自己关进书房准备辩论。田麒和胡安碰过头，决定在总统出发之前拍一个短片。设想的场景，是总统在厨房切苹果，翻阅报纸，然后缓缓抬起头，对观众说："准备好了"。生活化的安排是为了以亲民的形象吸引社交媒体上的观众。本来绝好的配角是Kushi。猫狗是吸引女性和青年选民的器物。可惜总统和Kushi实在玩不到一起，他讨厌狗，这个计划只好抛弃。

我和田麒买了苹果回来，在厨房里研究摆放的方式，以及切苹果时怎么表现出力量和决心。总统夫人伊莱恩正在客厅里试穿别人捎来的防弹衣。我们现在还不确信，总统和夫人会不会参加反藤森的游行，看这个架势，至少是在准备了。总统闭关结束，戴着细框的金丝眼镜，表情凝重地从书房走出来，同我们打招呼。出乎预料的是，总统对拍摄的提议答应得十分爽快。在此之前，想要说服总统弄个稍微与众不同的公共宣传都很难。虽然知道社交媒体的重要，总统的政治作风却传统保守，不想通过"哗众取宠"的照片吸引人气。如今到了最后的时刻，也是来者不拒。

视频的细节讨论到总统切苹果时的快慢，嚼苹果片的耗时，周围人说话声音的高低。过了三遍，算是大功告成。总统拿起外套，向我们眨眨眼，出发去电视台了。屋里还剩下好多人，分别在不同的房间办公。我们盯着新闻，同时在社交媒体上做最后的造势。这算是到秘鲁后第一次真正地忙了起来。顾不上喝水，肾上腺素一波波袭来。总统在全国拉票活动的照片要精选几张，搭配上标语，当作海报来用。田麒因为美工的审美无能正发着牢骚，电视上是辩论场外乱哄哄的景象：警笛、车队和候选人的支持者挤作一团。

客厅那边的两个电视也开着，播放同样的内容，恨不得把整个屋子搬到现场。家里的用人罕见地来回穿梭，似乎受了忙碌氛围的感染。厨房的桌子上，摊开一大堆高能量的扛饿的食物，面包、奶酪和肉，粗暴简单有用。

一忙起来，不自觉地就往嘴里塞东西。紧张是一种饥荒，只能拿起食物平复。眼前铺开几张选好的海报，我们还需要一个能够体现总统优势的口号。我在想如何把"姜还是老的辣"这句话翻译成英文，再翻译成西语。最终，这句古老的中文谚语先变成了"Trust the experience"，再转成"Confía en la experiencia"，毫无痕迹地适应了它的新环境。

电视上的辩论和秘鲁所有的日常活动一样，也延误了，我们一度担心会临时取消。总统第一个出场，抬着头，在电视里看见总统，觉得他和平日里又不一样了。这些天来积累的熟悉感荡然无存，政客严肃的权威代替了熟人的亲切。我在这里抬头看到的形象，和千万个电视机前的大众接受的形象没有任何区别，全然没了一个住在总统家的客人的优越。

总统的陈述仓促，明显是准备不足，超过时限只得被迫停下。但对手门多萨的表现也没什么出彩的地方，年轻人的青涩紧张一览无遗。辩论的结果乏善可陈，没有好得扭转时局，也没有坏到让总统决意退选。不过，在辩论结束后的新闻发布会上，总统留下了意味深长的一句话。当被记者问到是否会去领导反藤森的游行时，总统答道，如果以竞选人的身份去的话，是没有合法性的。这意味着如果总统后天出现在利马的街头，他必然会宣布退选，直接领导公民运动。

总统还没到家的时候，忙碌了一晚上的人开始撤出。先是党内的人，然后是竞选团队的公关，他们撤出后就不会再有社交消息的更新。接着是总统的助理和秘书，他们清空桌上的电脑、文件、任何和竞选相关的符号。用人们收走碗碟、水杯，落在地上的残渣，用抹布擦去这一夜的痕迹，回到各自的房间休息。总统半夜回来可能还需要他们，现在是难得的休息时间。最后剩下了我、田麒和Kushi。他们二位在院子里玩得欢快。田麒把玩具扔得又高又远，Kushi在院子里放肆地狂奔，脖子上的铃铛声是此刻房子里唯一的回响。如此一下子闲下来的时候，我竟然有些不适应，身心还没调整过来。等田麒进屋时，我问他，现在干什么。

"等待。你也看见了，政治兴奋的时候就那么一会儿。现在过去了，进入了漫长的等待。"

说罢，他咬下剩着的苹果，清脆的声音驾着晚风，一路攀上了云间。

→ 6

二手政要

　　苹果，作为饭后的"甜点"摆在长桌上。大学演讲，总统在北京最后的一场活动。

　　抽签选出的学生代表围坐长桌。国际学院像精舍酒店，坐落在历史悠久的校园。我们算作总统的随从，一同列席。西装革履的学生，脸上的神态犹如我第一次见总统时，按捺情绪，如履薄冰。他们要从这来之不易的饭局中，窥探到政治核心的智慧，不愿错过只言片语。总统当然愿意扮演智者的角色。他谈吐自信，不时开些玩笑，提到其他政要名人的次数也把握有度，不偏不倚,恰好满足旁人的好奇,又不用过度到自吹自擂。

我侧过身去对田麒说,这可比选举时候的表现好多了。田麒忍俊不禁,凑过去和伊莱恩传达这话,我们仨差点一并笑出声来。伊莱恩的笑容转眼即逝,这几日挥散不去的乌云,很快又聚拢来。我不知道是什么惹了她不开心。

早些时候,我倒有些不快。大学演讲之前,我安排总统和联合国代表会面。下午两点半,我接他们进门,在总统下车的时候,我便感觉不对。他扶着车门,把身体从车里撑出来。脚落了地,像是没站稳,身体左右一晃。他整整领带,对着车窗,把头发往后捋捋,摸摸上衣的口袋,突然想起来什么,从车里取出来绿色的羊毛围巾。过了一阵,伊莱恩才从车里出来。她缺位的时间之长,让我以为她没有同来。总统见到我,表现得很是吃惊,像是没有预料到我在这里。

"你在这里工作?怎么没跟我说!嘿,我有跟你说过,我之前也在联合国工作来着吗……"他抓起我的手,往门口走。

"我当然在这里工作,不然怎么安排这个会面。田没跟你说吗?"我搀着他一路走进去,闻到不算浓烈但挥之不去的酒气。我回过头去,等停车的田麒,让他过来一起稳住局面。我们陪着总统夫妇上楼。

田麒低声跟我说:"当然和他brief(简单交代)过了,他完全不记事。真是。"

国别主任和驻华代表在办公室前候着,上前来打招呼。我不晓得这位匈牙利上司的西班牙语也是流利。彼此寒暄过,我和田麒坐在他们的身后做记录。他们一小时的会面,谈了什么,我已回忆不起,照例是表面之辞,交流一下共同的熟人,说说未来合作的官话。但即便这样,总统的表现还是差劲得厉害。他的眼神对不上焦,不知在何处流离,讲话上更是答非所问,跳跃来去,终归要扯上自己的过去。联合国的代表们私下对视,终于脸上是不耐烦了。自始至终,伊莱恩没有参与进来,没有帮腔,没有一丝表情的波澜。她好像身处别地。在那个地方,她彻底地,摆脱了第一夫人的头衔,不用再参与到退休后的颠沛奔走。我原以为她是生了气,作无声的抗议。然而,她已是超脱当下的场景了,空留下一副躯壳,让我们的行程看上去圆满无缺。

田麒低头回邮件,看惯了如此场景的模样,他丝毫不介意这份尴尬。我一时没有忍住,插入对话,想要总统把随意打转的长篇大论,拐入宽敞明晰的大路上。这一下子,大家都安静了,不知如何继续下去,糟糕的戏不能将就地烂尾，反被中场截断了。联合国代表们抬起头，带着困惑看着我。田麒放下了手机，说了一番总结，然后说："谢谢两位的时间，后面我还在中国，具体事宜我来和联合国跟进就好。"

我庆幸他救了场。站起来，快要出门的时候，总统又突然想起什么，拿出他的新书，说要送给代表们。他坐回沙发，所有人站着，注视着他缓慢地从上衣口袋掏出钢笔，扭开笔盖，翻开扉页，签名留言。他写的段落冗长得令人烦恼，时不时顿下来想想下一个词。等好不容易完成了两本签名，他猛地一下说：

"瞧我这脑袋，我给你们带的是中文版的，请等我去车里取上英文版的。"

"把英文版的交给晓宇，我们从他这里拿。"国别代表说。

他们彼此握过手。我走下楼梯，心中一阵懊恼。好像处心积虑介绍给旁人的朋友，丢了自己的颜面。可我这又是从何而来的虚荣呢？有那么一刻，我真把总统算作我的私友，因和他的关联，有了不切实的优越，因他的失态而感到羞耻。因为这份羞耻，我又想要匡扶他的形象，证明我的眼光。直到现在事态无法挽回，我又想，要是当初只是普通的会议记录员，也就没了这阵懊恼。如此患得患失的心情，让我觉得好笑起来，就没有再追责自己，也没有为总统感到多余的愧窘。

回到车上，田麒用中文跟我说：

"中午在使馆和秘书他们喝的皮斯科，他妈的，到现在还没缓过来。"

"那晚上的演讲怎么办？"

"不要紧，一群学生，酒后的他也能应付，"田麒给我丢过来两本英文版的总统新书，"你自己看着办。"

"这书我在利马的时候翻看过了，还真有出版社愿意出了。"

"你瞧瞧，原版还是斯坦福大学出的，你敢想吗？"

"*Shared Society*，《共享型社会》。"我读着中文版的标题。

"Share my ass（共享个屁）。"田麒说。

"你们俩混蛋在说什么呢！"总统把脑袋探到前座，"嘿，我他妈听说，中国现在都在产藜麦了，你怎么想？"

"云南那边在种，卖得比秘鲁可是便宜多了。"田麒跟我说。

我转过头和总统说："再过一段时间，我们连皮斯科都可以自产了。再造一个马丘比丘。"

"混蛋呀，你们这群混蛋！我警告你们，don't

fuck with us! Don't fuck with us on quinoa！（别在藜麦上跟我们捣乱！）"

"哈哈，没关系，我们可以让秘鲁百姓吃上买得起的藜麦！"田麒说，我们仨笑得前仰后翻。

伊莱恩背靠在后座，一言未发。

我谨慎地在学生面前收敛可能流露的优越感。因为下午的经历，我对此更加敏感了。如果我是在场的学生，可能比他们表现得更迫切，意图留下完美的印象。正如那位晚饭结束就立马上前搭话的哥伦比亚学生，力求拿到名片，通往高层的工作，退其次，也是不可多得的谈资。我和田麒被礼貌地退到外围，没人想跟我们多一句话。

"你还好吗？"我趁这个机会问伊莱恩。

她听到这个问题，意外得好像什么不可告人的秘密被发现了。她抿着嘴笑了一瞬，眼睛没转过来看我。她的手原本垂着，这时候端起来交叉在胸前，又垂下去，她深吸一口气，做瑜伽似的把那口气缓缓地吐出来，肩膀放下去。她的脚下像是出现了一摊泥沼，她就要随着这股气息的下坠，全身陷下去，消失得无影无踪。

"我想，我是见了太多，有些疲乏了。"她抿嘴笑了笑，把话题岔到了别处。

人群簇拥之下，总统走向演讲厅，上百人的房间，座无缺席。田麒和我坐在前排。他又到了可以休息的时间，身子瘫在椅子上，除了总统也没人能看见他。总统的故事我的耳朵也快听茧了。十六个兄弟姐妹，活下来十一个。小时候要去卖报纸，擦皮鞋。五岁前，家里在山上住不下去，搬到海边，这个意外的决定可能改变了他的一生。他们以鱼为食，在关键的年龄改善了他的营养不良。他成了家中第一个高中生、大学生、博士生。

"所以，在我的任期上，在我生涯中，我都不遗余力地强调，什么才能改变命运？教育！教育！教育！这不是政客的演说，这是我的亲身经历告诉我的，而它不应该只发生在我一个人身上。"

我转过头去看观众。他们聚精会神地观看这场表演。几个学生的嘴巴张开，眼睛痴痴地望着前方。政客说起话来，比学者讲说引人入胜。他们一开口，要让你感到信任，安全，舒适。即便对着台下的一百人，或电视前的上万人，他们的魅力是让口中吐出的每一个词，都像是对你一个人说的。他们日日重复的老生常谈，要像是第一次的即兴声明，刚刚发现了一个真理，要同你分享。地久天长，他们就不再是兜售一个想法，他们已寄生在那个想法里。唯一的真实来自台上，而不是平庸黯淡琐碎的台下。

观看表演的观众，就像在梦里。即便是再光怪陆离的场面，他们也完全地投入欣赏，不会产生半点怀疑。等到醒来的时候，从那些许残留的片段里，才能隐约感到不太对劲的地方。第二次若是梦到同样的场景，有些人会认定是幻象，立刻站起来离席。有些人则愿意沉迷在梦里。

"还没完？我们先出去喝酒？"田麒坐起来说。

我们弯下腰，从走道上溜出去，摸来两瓶啤酒，在大厅里喝起来。保安过来赶我们，我们打游击，一会儿在楼道，一会儿在屏风后，最后酒劲上来了忍不住在沙发上闷笑。

"田麒，你现在做的，算是二手政要的'回收利用'（recycle）吗？"

"噗，"他挥挥手，"这也不是什么样的政要都行的。你还记得吉尔吉斯斯坦的那位[1]？"

"怎么了，别人也是国际组织出身，后来回国从政的。"

---

[1] 指吉尔吉斯斯坦政治人物卓奥玛尔特·奥托尔巴耶夫（Djoomart Otorbaev，1955—），2014—2015年间任吉尔吉斯斯坦的总理。作者和他的访谈可见《吉尔吉斯斯坦前总理：中亚的焦虑》（https://www.sohu.com/a/237275375_550968）。

"可要忽悠起来,就难多了。他有一次在中国碰见托莱多,拽着手说,'你看我们退下来后都没用了,怎么你还到处被人当作宝贝?'"

礼堂传来震耳欲聋的掌声。此消彼长,经久不息。

"靠,结束了!"我们站起来往出口的地方走。已经有人出来,戴眼镜的平头男生,戴眼镜的马尾辫女生。男生停下来,愤愤地说,"这不过是个三流的经济学家"。

女孩不紧不慢地回答,"但人家好歹是个总统"。

我要踮起脚尖,目光越过乌压压的人群去看总统。在秘鲁,这样的盛况只会出现在新闻发布会的时候,或是在支持者的集会上。大家不放总统走,他也顺其自然地移步酒吧,继续热烈地和所有人聊天。伊莱恩和我们坐在角落的卡座。

"我记得我十几年前来的时候,北京很不一样。"她毫无预警地说,"我当时去做演讲,说的是秘鲁印第安人的贫困。他们的粮食作物被拿去大规模地种植,返销给他们,传统草药被注册专利,他们无法使用。对,我想我讲的就是这些。我和女儿国事访问的时候想去中国比较偏远的西南部。你们的领导说,中国那么多地方,为什么要去那么远的地方呢?我们有些固执地说想去,他也答应了。Papa在北京忙他的事,我们母女俩去旅行。那时候我们还一起旅行。"

"你要喝点什么吗？"我问。

"不，我一切都好，只是突然想起往事。有人总说我的性格太直了，容易得罪人，你们觉得呢？"

我一时不知道说什么好。

"那是因为在基布兹（Kibbutz，以色列集体农庄）训练过的缘故。"也只有田麒能开出徘徊在政治正确边际的玩笑。

"我从小到大受的教育，就是不要妥协，不要低头，尤其在压力面前，来自众人的压力。不能做一个花瓶，不能做喝茶的第一夫人。他们觉着我这样触怒了他们，不尊重传统，不尊重我丈夫的国家。为什么我就不能乖乖讨好他们呢？幸好，他们还不敢说因为我是犹太人的缘故。即便不少人这样想。我的傲慢不只是我的傲慢，而是一个犹太人、女人、外国人的傲慢。不，我不喝啤酒。红酒Papa在酒店里准备了，待会儿你们回去和他一起喝。"她拒绝了服务员拿来的啤酒。

"怎么，总统这还没有喝够吗？"

"你看，像是尽兴了吗？"

总统淹没在人群里。他的个子不高，只有通过声音能确认他的存在。一会儿是英语，一会儿切换到西班牙语。肩膀的空隙中，总统涨红的脸露出来，他夸张的笑容，兴奋的神态，与人勾肩搭背地合影。我们三人沉默地靠在座椅上。

总统在车上的话异常地少，我们一度以为他睡着了。到了酒店，我们照例送他们上楼，伊莱恩回房休息。总统果然变戏法一样地拿出加州的酒，拉上我们的手下楼去。

"这下子，不用再看酒保的脸色。我们只用他拿杯子来。"总统做做鬼脸。我向来尝不出酒的好劣，想是学生时代喝烂酒坏了味蕾，但这一次也感到酒的柔绵浓郁。晃悠悠的总统，知觉恐怕也和我的味蕾差不多了。他拉着我们不放，似乎没有察觉我们的困顿和乏味。田麒干脆去看手机，任他说着。总统说，你在干吗呢？田麒便答，为你安排明天的行程。总统说，好好好。他明天已经没有行程，只有返程的飞机。

总统靠向我，压低声音，像是说一个不可告人的秘密："我在演讲的时候撒了谎。我们家的孩子不止十六个，而是二十个。我妈妈生了二十个孩子，活下来的就我们。"

说罢他一口尽了杯中的酒，两眼空洞洞地望着前方。

我和田麒一人架着一边肩膀，把他搬回房间。伊莱恩已经睡下了。我们出来的时候前门上了锁，一把T型的钢锁，横穿门把。大厅里空无一人。我们来回转着，才在走廊上发现了睡眼惺忪的服务生，让他帮我们开门。他嘴上嘟嘟囔囔地说，怎么会这么晚，你们是谁？但也没等到答案就开了锁，让我们赶紧出去。

恐怕是一两点了，北京安静得让人陌生。我们迅速蹿上车，里面也不暖和，我们打着冷战。"到最后，总统也弄得这么狼狈。"我搓搓手，哆嗦着说。

"但他好歹还是个总统。"田麒打着了火。

→ 7

前所未有的游行

"你知道秘鲁警察向游行者开枪是合法的吧?"

我抬起头,一脸狐疑地盯着罗拉。

"这是近几年的新法。"

"行了,你别吓他。利马游行还没死过人呢。"

罗拉的朋友一边安慰我,一边递给我一块手帕。这时候,我们仨还围在牛津的小火炉旁。拉美的两位姑娘正在给我补课。她俩都是mestizo(混血,偏指欧洲和印第安原住民的混血后裔),天生的拿铁肤色,炉火的照映下,犹如古铜雕像。

"蘸点醋……哎，别用黑醋，用白的不会染色。如果警察投来瓦斯弹，拿这个捂住口鼻，不会被呛到。"

雕像的口唇开阖，吐出一连串的人生阅历。

"警察追来的话怎么办？"

我木木地问。

"跟着人群跑啊。一般警察都在背巷里埋伏着，说不定就被堵住了。不过话说回来，他们不会对游客动手的。"

"他长得和chino（中国移民）一样，又不是gringo（外国人，偏指白人），能幸免吗？"罗拉说。

没什么比当地人的意见相左更让人手足无措了。

我从利马的早晨醒来，在床上，借着透过窗子的阳光，一五一十地看清了空气中飘浮的尘埃。我好久没见到这场景了，英国既匮乏阳光又匮乏灰尘。一粒粒尘埃，不急不缓地在空中舞蹈，以不可名状的韵律纷纷落下。时间被尘埃的耐心拉慢了。昨晚的梦，也像尘埃一样在半空中重新聚了起来。那是一场发生在英国的游行，街头充斥着反移民的标语，亚裔长相的人，不分你我地被围困在了中国城。

异乡者最深处的恐惧莫过于此：数百年的融合被一个偶然突发的事件推回起点。描绘历史进步的言辞都成了空谈，我们不过换了一身装扮，上演一成不变的剧目。

眼前这场真实的游行何尝不是如此。十六年前，站在市中心的高处，向黑压压的人群大喊的人正是托莱多。今天，游行将始于同一个地方，反对的对象仍然姓藤森，只不过以前的主角，正在隔我一个走廊的房间中安睡。楼道的墙壁上，还挂着描绘当年托莱多和藤森之战的漫画。年轻的托莱多绑着头巾，披着斗篷，手持克丘亚弹弓，正朝着老迈狼狈的藤森发起最后的进攻。

如果这幅漫画是彩色的，那么在2000年，托莱多的装扮应该是泛白褪色的牛仔裤，血红色的头巾。他的头发乌黑，一如既往地喜欢和人群眨眼和拥抱。当时的藤森，把自己的连任视作理所当然，看起来没什么人能挑战他的权威。竞选敷衍了事，把控的媒体也没对托莱多有什么特别的攻势。他们根本没把这位底层出身的学者放在眼里。临近第一轮投票的时候，托莱多的政党组织薄弱，打广告的钱都拿不出来，甚至没有专门的雇员来接听电话，安排见面。一切都要托莱多亲力亲为。当然还有伊莱恩。他们结束了多年的分居，在公开的活动上，你总能见到伊莱恩紧密地和托莱多站在一起。她回应了托莱多私生子的传闻，把巴黎1968年抗议行动的精神带到秘鲁，以法国口音的西班牙语激励着人群。没人能想到，托莱多在短时间内点燃了一个国家。计票在第一轮就出现了不合规的端倪，国际观察团队被迫撤出，托莱多号召抵制第二轮的投票。藤森5月份的"胜出"只是引发了更多的争议和反对。托莱多走上街头，领导一轮轮的抗议，反对的浪潮如同击鼓传花，扩散到秘鲁的大小城市。他获得了社会各界的支持，连秘鲁70年代的最后一任军事独裁者莫拉莱斯·塞鲁蒂（Francisco Morales Cerruti）也发出声明，谴责选举的腐败，认定托莱多是真正的胜者。

  我尝试抛开这些历史的感慨，专注这件事本身。毫无疑问，热血澎湃的兴奋和刺激让我迫不及待。白天的等待由此变得无比漫长，但又因为我分心、不断地想象游行，等下午来的时候，突然觉得一天过得好快。什么都没发生，什么都没准备，就要迎来人生大事。这种又快又慢的时间感，把人拉进一阵晕眩。只记得独立事件，只言片语，却不存在横轴把它们串起来。有一股力量，抽走了手链上的线，时间的珠子散了一地。

  吃饭的店从一大早就在放约翰·柯川（John Coltrane），他的萨克斯越缥缈，我的心里越紧张。戴维风尘仆仆地赶过来，讨论应该怎么利用今晚的游行。

其实他想打听总统到底会不会来。恐怕总统是早做了决定,只是我们还蒙在鼓里。正午时分,总统还没起来,除了我、田麒和戴维,家中没来其他人,整个竞选像是被世间抛弃了。屋里莫名其妙地停了电,找不到原因,榨果机、洗衣机和电视新闻的声音都不见了,我们真如在孤岛上一般。

田麒把我从沙发上叫醒的时候,太阳已经从屋子的一头转到了另一头。游行的时候到了。总统这时候不在屋内了,听说是去另一个城市拉票,我们算了一下往返的时间,就知道他不可能赶回来参加游行了。我们开车往市中心去,经过熟悉的街道,我使劲地要发现预示着一场事件的不寻常的迹象。甚至要从小贩和行人的脸上,看到对于未来的局促不安,山雨欲来的闷热的低压。然而,街上的景象毫无变化,像是天气预报出了错。一切如常。

田麒刻意把租来的车停在离广场有一段距离的地方,以防游行的时候殃及池鱼。领停车票的时候,我们还特地留心问了一句,这停车场游行时会不会关。那管事的人头也不抬、不耐烦地回了句:不会,不会!

我们往广场的方向走去,一路上稀稀拉拉的人群扯着旗子和标语。游行定在下班后,正好是全城堵车的时候。我们在广场附近找到唯一没关门的餐馆，和两个当地朋友碰头。警察比游行的队伍守时，在五点之前就布满了广场的四周。他们手持防暴盾牌，腰间配枪和警棍，百无聊赖地站着，像是小学生被老师惩罚了。

餐馆外有一排骑警，对着广场的方向严阵以待。他们的气度则不同，也最为引人注目，不单是因为其中有长相俊俏的女警。骑警们列排伫立，像是塑像，又像时刻准备着冲锋，把庄严的静穆和叱咤的威风融为一体。警马个头很大，比我高出去不少，从前面走过的时候难免有些心怯。16世纪的西班牙殖民者，把马匹带进美洲大陆，印第安人没见过这种动物，以为骑士乃是人马一体，被神灵指派来惩戒他们。骑士御马到了印加皇帝面前，马的鼻孔吐出的气，吹动皇帝额前的头发。卡哈马卡战役中，皮萨罗带领的六十多个骑兵，击溃了印加帝国的上万军队。那一场近乎屠杀的战役便是发生在广场。

我抬起头，日光被眼前的骑警遮去大半，身体四周是一块人为的阴影。立即我就理解印第安人当年的恐惧了。

坐在餐馆里，我们丝毫没有吃饭的胃口。一股浓烈的马粪味弥漫在屋内。街上久站的一个个马屁股后面，都有一个个"小山堆"。餐馆的正门恰恰是对着一排马屁股的。老板见状，穿着的围裙都没解下，便拿起扫帚出门，想把这味道的源头推远些。一群威风凛凛的骑警身后，这位戴着白色厨师帽的老大爷，正挥动着扫把，"奋笔疾书"。

我同老板要了白醋，一边准备着我的手帕，一边继续和当地朋友聊游行。有点像足球比赛，人已站在了球场上，哨声还没响起的时刻。大脑焦虑的想象这时候最为活跃了：要是丢了球怎么办，要是进了球怎么办？要是摔倒呢，心仪的人是不是在旁观？如今也是一样，我脑海中各种有关游行的可能场景都蹦了出来，集成源源不断的问题。我自然不能责怪当地人把多问的好奇归作怯弱的表现。那位朋友打断我，问道："瞧你这么年轻，二十多岁的样子，之前都没有游行的经验吗？"

"我们这一代没有游行。"我只好这样作答。

好了，时间差不多了，裁判把哨子含在口中。我帮朋友把抗议的标语贴在前胸后背，自己准备好的手帕塞进前兜里，手上拿着一本彰显游客身份的 *Lonely Planet: Peru*（《孤独星球：秘鲁》）。田麒不听劝告，执意把相机挂在胸前，他说，这是一位摄影师的职业底线。我们说，任何能保留历史证据的东西现在都是危险的。

走出店门,通往圣马丁广场的大路已经不通车了,四面八方都是涌向广场的人流。那一刻,真是一头扎进了人海。脚底、身子前后、肩膀左右的空间顿时都没了。田麒单手举相机到半空,喊道,别挤散了。我转过头,两位朋友的身影已经看不到了。我们只好伸着头,往广场中心的雕像处去,那里地势稍微高些。

落日的余晖,洒在圣马丁的雕像上,金色的外表上,又覆上一层金漆,民族解放英雄的形象更光辉耀眼了。雕像的周围是一圈圈标语,黑白为主。标语后面的影子里坐着歇息的人。这样分秒必争的时刻,恐怕赶得早,才能抢到这些位置。除了文字的抗议之外,整个广场没什么愤怒的气息,大家闲散地拥挤在一起,欣赏着彼此的游行装扮。有人用收音机播起音乐,大家会的不会的,都跟着哼哼几句,想要盖过杂乱无章的喧嚣,可惜收效甚微。

广场四周的楼上,看客们端着酒杯,向下张望。四五百米外,是秘鲁有名的俱乐部,只接纳政要名流,略萨就是其中一员。托莱多说他反感俱乐部精英主义,从总统位置下来之后,并没有接受入会的邀请。俱乐部今天闭门谢客,它的门前,只有源源不断涌向广场中心的人群。我想起《日瓦戈医生》的片段。唱歌的游行队伍经过莫斯科的上流餐厅。衣着华丽的人们安静下来，面面相觑，直到一人说，"但愿革命后，他们唱歌能不跑调儿"，哄堂一笑，大家回到热闹的欢快里。

如果总统决定不来的原因，是赌定游行的规模不大而没什么政治影响的话，那么他的估计错了。从广场辐射出去的几条大街上，现在满满的都是人，一团乌云似的占据了利马的市中心。庞大的人群，像打开的水龙头，哗哗地流动。人的数量多起来，形成客观的力量，宣称他们没有达不到的目的和主张。与此同时，出现了沦为数字的危险。个体身份被挤压到最小，只剩下一张张分辨不出表情的面孔。别样的健忘。你望着逐步上升的水位，记不起来一滴水珠。这样的场景中，作为一个人，矛盾地陷入了莫大的力量和恐惧。你决定奉献给这阵洪水，拥有了前所未有的力量，前所未有的超越，不再是一个人，不再孤独，不再为你处处受限的世界感到烦恼。你加入了一份前所未有的事业，一番壮举。这股要革新的念头和破坏力淹没你，摧枯拉朽，要一扫世间的污垢阴霾，还一个净粹的新社会。你又为这样的颠覆感到战栗。你不会被记住，名字不会被刻下，这样的时刻，对于多数人过于平等和平庸，你随时可以被拿走，被撤销，被取代，也不会对运动的前途有什么根本性的影响。你虽然处身其中，但充其量是一名见证者。自此，你可以解释历史，可以讲诉，可以去夸大或淡化自己的历史存在。这都是属于你个人的，只有这份不容置疑的属于，让你一时能克服被随时取代的不安和必然。

伊莱恩打来电话。她没跟着总统去参加异地的拉票活动，估计在电视上看到了游行的场面，特意来问。田麒迫不及待地形容了一切，鼓动她亲自来现场。毕竟，我们现在还没看到一位正式的领袖。伊莱恩有些心动，说要准备准备。

田麒挂了电话，对我说，"这差不多要开始走了吧，不可能都挤在广场"。

可是往哪里走呢？之前对于游行的印象，是应该有个领头的队伍，一声大喊，然后大家呼应，闹哄哄地跟在后面。但现在分辨不出来哪里有中心。每条大街的出口似乎都有要走起的队伍，你一会儿被这边的大鼓吸引了，一会儿被那边的歌声勾去了。

"那里！"田麒指着一个开始踏步的队伍，我们急忙跟着人群往那个方向流去。这里的警察部署得最稠密，想必是游行人群的出发地。大路两边的警察牵着白线，把游行的队伍圈住，围观的市民则在人行道上跟着队伍走。我和田麒站在线外，时刻注意着情况的变化。我们担心，藤森的支持者会故伎重施，在游行中闹出血案，为随后的镇压提供借口。走着走着，旁边的人越来越多，反倒比白线内还拥挤。等到拐弯，道路变窄，我一下子被身边的人挤进了正式游行的队伍。

差点绊了一跤，我好不容易站稳脚跟，忽然之间，天空变了颜色，我的脚下出现一片巨大的绵延的红色，接着又是鲜艳的黄，彻骨的白。我抬起头，原来顶上有一面十来米长的彩旗，像是流动的帐篷，被四周的人高高举起。旗下两个人来回走动，防止有哪一角会陷落。

我的身子被迫压低，只寻见其他人的半截身体和无数只形形色色的脚。我俯下身跟着半截的身子们一起走。看不见大家的脸，听到的喊声隔了层膜，变得低沉规整。我被塞到过滤了集体情绪的海绵里。抗议者旁边，是警察踏地有声的黑靴。再旁边，是正式队伍之外围观者或快或慢的步子。他们的步子要悠然许多，没什么章法，走着走着突然停下，或是往回走。一个大人牵着的孩子，正好低于旗面，她一边含着手指，一边将目光穿过几排大腿的间隙，好奇地打量着我。

天空又成了红色。由于大家的高度不一，绵长的红色旗帜上下起伏,如一阵阵波浪向我涌来。在翻滚着的红色波涛中,我记起这个颜色在往昔历史中的象征意义,如今,它正用另一种激情和符号取代我的记忆。抑或不是取代,在它们无比鲜红的深处,可能流淌着一样的血液。

一阵波浪到了头,我从红潮中探出脑袋,眼前是一排正在怒喊的人群。我第一次这么近地面对游行者,竟有些发怵。他们穿着短衫,画着大大小小的标语,双手举着高高低低的牌子,头上挤出疏疏密密的汗水,嘴上喊着抑扬顿挫的口号。第一排拉起横幅,犹如军队的前列所持的盾牌。他们的身后是望不到边的人海,一片铺开延展的乌云。他们眼珠子直直地盯着前方,却没有注意到入镜的我,不和谐地和大家相反而立的存在。

我立马转过了身子。向前方,迈了一大步。

不出几分钟,我就能跟着喊上几句不明其意的口号,甚至连合唱也摸清了调子。田麒这时候也从旗子里钻出来,加入了阵营。很快,我们就没了对警察的担心,对我们的敌意反而来自同行的抗议者。在秘鲁,但凡长着东亚面孔的都会被当作中国裔,包括藤森家族在内,所以这场游行的不少口号听上去都像是在反华。两位中国长相的人出现在队伍当中,难免引起关注和怀疑。

"瞧,chinitos(对中国人的戏称)都来了!"一位大叔对我们指指点点。

"我们是China来的真chino。"我们坚决地这样回复过去。大叔一笑,立即把反华口号变成了反日口号。

我打从学政治以来就没有喜欢过群众运动。对抗议、游行、集体政治行为都不抱好感。这种短暂的激情动员起来的乌合之众,他们"毕其功于一役"的轻松想法,往往把社会拉向他们理想的反面。源自哲学家柏克(Edmund Burke)[1]的保守主义观念,在我身处英国的几年中变得更是根深蒂固了。我坚信不疑地认为,自己不会因为任何的激进主义心动。

但柏克一定没有参加过游行。

我花了数年时间积累起来的理论倾向在实践中一瞬间荡然无存。站在人群当中,全身血液都在随着周围的歌声和喊声澎湃激荡。我顿时感觉到人与人之间无须语言,连对视也不用,便能立刻无差别地体会到他人的情感和脉搏。它由波浪的中心向四周扩散,直到每个人都被这情感的水流淹没了头顶。我们走过哪

---

[1] 埃德蒙·柏克(Edmund Burke, 1729—1797),英国18世纪政治家和保守主义政治学理论家,批判法国大革命和激进的政治运动。

里，哪里就有路人驻足，送来阵阵掌声。楼上的人探出身子，向我们大声欢呼，抛撒鲜花和彩旗。我就像凯旋的士兵一样，沉醉在整个城市里的赞扬中。

伊莱恩又打来电话，说出于安全的考虑，还是决定不来了。我们失散的两位朋友也联系上了，说她们累了，准备到下一个车站的时候就回家。没关系，不来就不来吧，要走的也走吧。没关系，我们现在和一整个人民在一起，朝着未来的方向迈着步子。

我走得太快，一下子到了队伍的最前方。领头的是清一色的姑娘，她们二十多岁的样子，大腿上涂着红漆。这是抗议藤森执政期间的强制节育政策。藤森政府相信低生育率才能消除贫困，上千位印第安妇女被强制结扎。带头的姑娘拿着扩声器率先喊口号，声音嘶哑时，就换下一位接替。她们的前面是三排全副武装的警察，一辆装甲车，上面慵懒地坐着持枪队。再前面就是骑警，他们为游行的部队开路，时停时走。若情况有变，也能马上回过身，控制整个队伍的局面。我莫名其妙地走到了和警察并排的地方，他们也不介意。队伍停下的时候，一只街道的狗窜进了队伍，向警员讨要安抚。

我猛地意识到，游行的人群已经到了平日里我们不敢去的街区。当地的朋友警告过，要远离这些毒贩和妓女出没的地方。但在游行的晚上，它热闹温煦，一团和气。

抗议和围观的人停下来，在街头摊买水和玉米补充体力。摄影师和老鸨讨价还价，不是为了楼里的女子，而是为了二楼露台上拍照的视角。我的腿此时也乏了，想起来好久滴水未沾。身体累了，又被和谐的景象一熏陶，政治热情迅速消去了些。

于是，我的灵魂又做回了身体的奴隶。

我脱离队伍去买水。不远处的街角，几位少年正为一场交易争得面红耳赤。转过身，人群还在继续行走，看不到头尾了。有我或没我，这个大队伍都以它不变的节奏运动。如此直白的事实，还是让人有些失落。沸腾的血液得到片刻的休息，安静了下来，我举起瓶子大口地灌水，直到全身上下恢复了常温，一脚踹开了之前踌躇满志时自我构建起的使命感。

"怎么了？"田麒问道。

"没什么。"我把空瓶子捏扁，扔入小贩脚边的纸盒里。

回到队伍中，我像是换了一个人。一旦出戏，就再也找不回过去的角色了。我一定不是保守主义者了，也不再是能强烈融入这场运动的血肉之躯。此时，我对激情的疏远，不是来自抽象的理性，精确的审时度势，而是什么东西落空了，从手中滑落，从街道上溜走。灵魂出窍。你能感觉到，此前一直跟着你的精神存在，就这么跑了出去，追也追不回来。它们没有等我，没有等任何人。只有不在最前面时，才会想这样运动的方向朝向哪里。我对冷漠旁观有本能的批判，对摇旗呐喊有情感的距离。我前所未有地接近这个地方，却始终不能完全地属于它。

我成了身份上永恒的他者。

和队伍一起走回广场的路上，我注意到了高高挂在头顶的藤森惠子广告。每一个游行者从底下走过，都把它当作了平常的景象。而这光亮下的藤森和黑暗中的反对者形成的强烈反差，在远观者的眼里定是难忘的一幕。即便身体不在远方，我的视角早已飘出了游行的人群。我和田麒回到了出发的地方。广场比之前更为拥挤了，人真是一种伸缩自由的动物，本以为到达饱和的空间，又塞下了可观的数目。围在一起的人群开始唱歌，广场中心有临时搭建的台子，供人上去讲说，似乎有一两个社会政治的名流上去了，引起台下轰动。但我都不认识，自然无法加入那份热闹。

唯独还能在这份密集里流动的，是嗅到商机的小贩们。这暴雨般聚集起的客户可把他们忙坏了。他们灵活地穿梭在人群之中，兜售着饮料、冰品和抗议的旗帜标语，如果面前的人摇摇头，他们也绝不恋战，立刻转向下一个目标。平常一块钱的瓶装水，这时候水涨船高，但还在良心允许的范围。

一个正在游行中接受他平生首次政治教育的小男孩走近我和田麒，手中攒着一叠白色的布条（可系在脑门或胳膊上），上面印着黑色的抗议标语"藤森不再"，墨迹似乎都还未干。他的父母或是亲戚一定在广场另外的角落贩售着获利更高的东西，把他送出来做些游击性质的副业买卖。

男孩没有任何向我们展示手中物品的动作，他更像是被我们陌生的面相吸引了，好奇地打量着。反而是我们先发现了他手中商品的价值，立马掏出零钱，拿下来之不易的纪念品。他这时候才反应过来，急忙报了价格，愉快地递出两条白巾，完成了父母布置下来的任务，只剩眼光还未完全脱离我们。

我们把白色的头巾系在头上，想象自己是广场上的自由斗士，并把这想象的一幕拍下来发给伊莱恩。过了一阵，腿上的酸痛和全身的疲惫卷土重来，这次更为凶猛，田麒也心生去意，于是我们趁着广场人群还未散去的时候离开了。

等到了停车的地方，空荡荡的街上突然划过一声："糟了！"

我望着田麒："怎么了？"

田麒指指前面停车房本该在的地方，一扇庞然紧锁的大铁门黑森森地矗立着，如同一张冰冷的宣言。

停车时那人信誓旦旦（至少在我们"听来"信誓旦旦）所说的照常营业，此时此刻隔绝了唯一能在夜里把我们安全带出市区的交通工具。

田麒是一名纪实摄影师，也是托莱多竞选团队的官方摄影师，除了随团队做事务性的摄影、拍照、图片发布，他还创作了大量有个人特色的摄影作品，记录了秘鲁的风物与人情。

我们精选了其中的一些在这里呈现，作为刚"经历"完游行后的一次喘息。

图片、文字：田麒

翻译：薛珂

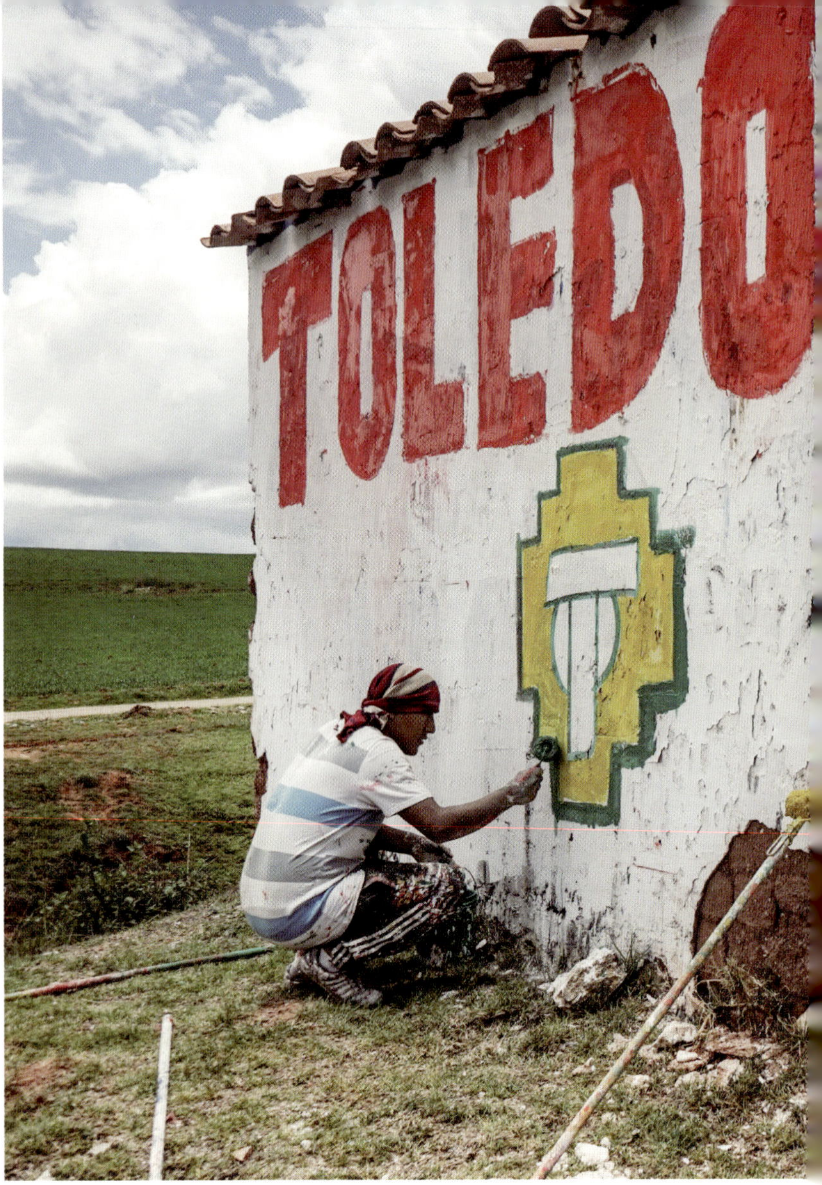
TOLEDO

选举年前，无论人口稠密的都市还是山间路边的谷仓，任何临街的墙面都会被视为广告流量端口，是各个党派争夺出镜的首选之地。不同阵营甚至会熬夜在政敌的墙上刷上自己的广告。这些五颜六色的政党标识会在选举后被遗忘，直到下一次大选。可见政选对于广告行业的带动要远远超过正常的经济活动。

对秘鲁选举的政治分析往往需要对"城市地区"和"农村地区"进行分类。广大的农村群体被进一步定义为"山区人口"（La Sierra）和"林区人口"（La Silva）。虽然这两个群体面临着来自城市居民的普遍的歧视，但他们在应付挑战的同时，也享有文化的独特性。

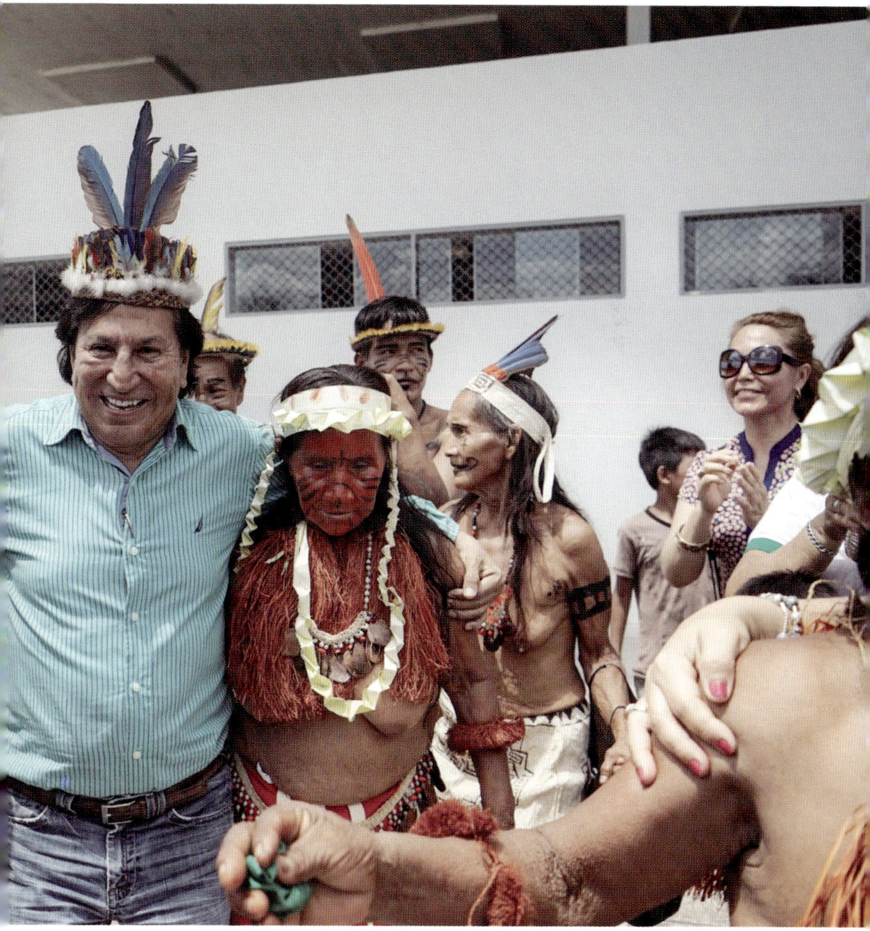

托莱多总统被认为是第一批成功的安第斯本土政治家之一,他的魅力在土著居民中不可否认。

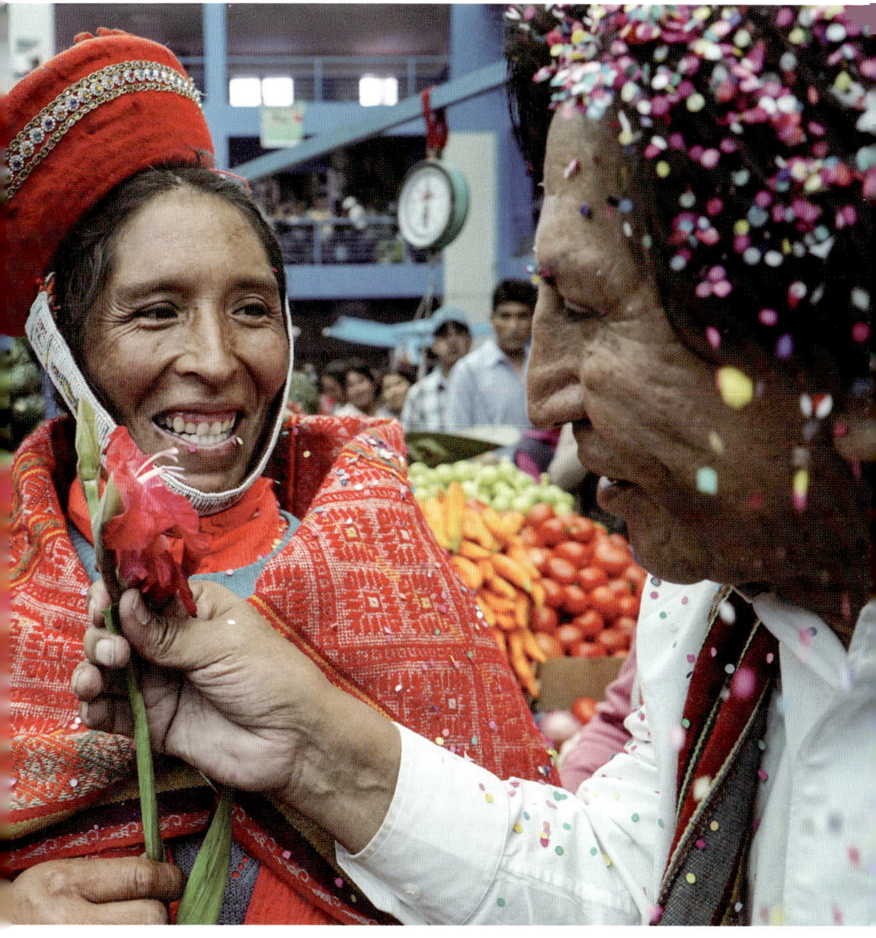

在探望秘鲁较为贫困的地区和城镇时,
托莱多总统看起来明显更有活力。
对于他来说,
利马更像是他的办公室。

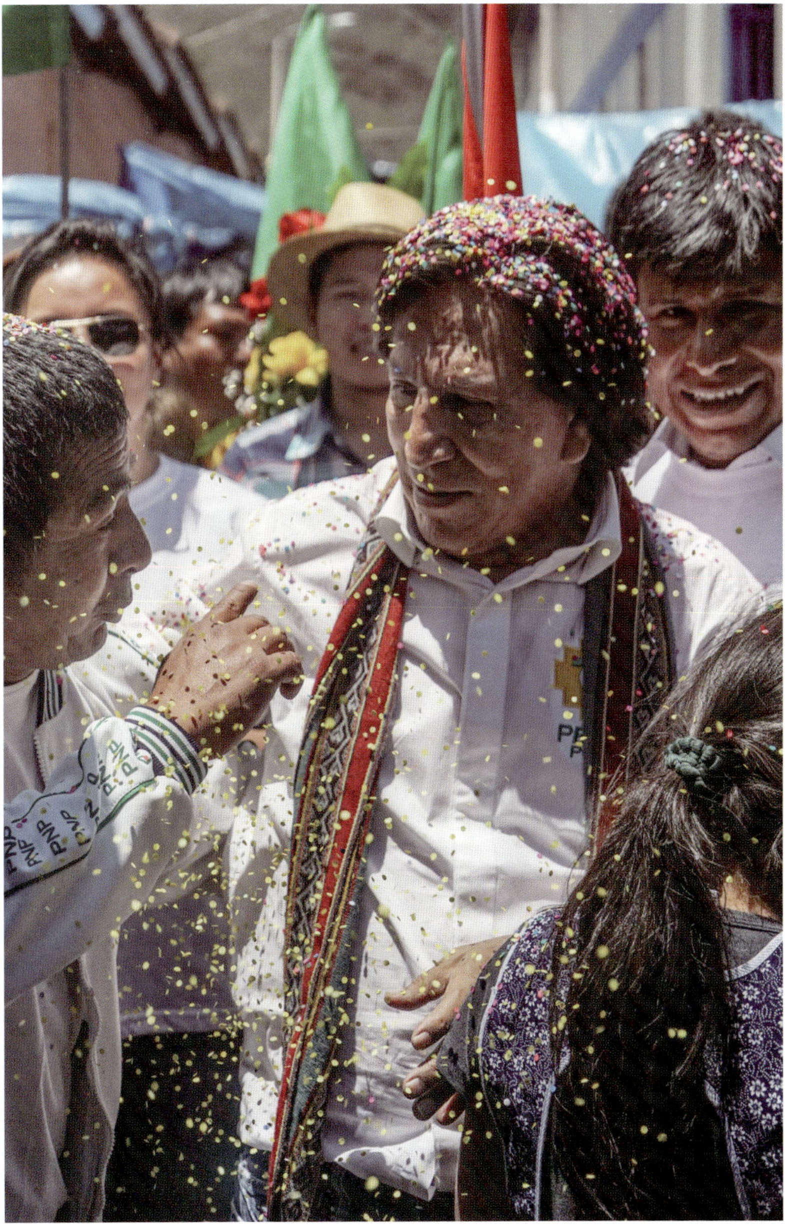
PNP

在洛雷托地区（Loreto region）的首府伊基托斯的贝伦区（Belén，西班牙语为Bethlehem）举行的托莱多集会。虽然西方世界出版的旅行指南有时会将贝伦称为"亚马孙的威尼斯"，因为来自周围丛林的村民和土著在木桩上建造房屋，但除了季节性水灾，这里的街道与意大利的商镇并没有什么相似之处。桩子上的房屋被加盖到3至5层高，也并不是按照欧洲标准建造的。

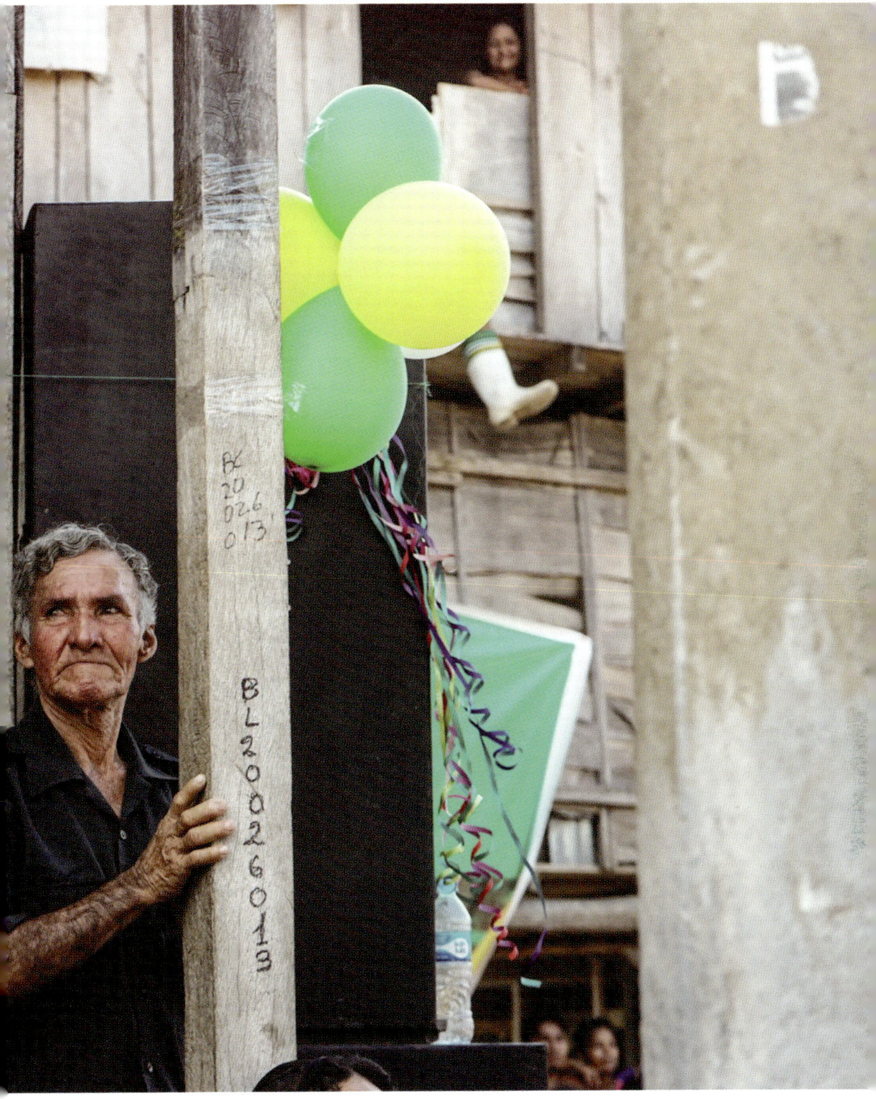
BL2002600013
BL20026013

这是在安第斯高地上的一个小矿镇。采矿业之于秘鲁和其他安第斯国家来说，就像石油之于海湾国家。虽然现代技术在不断发展，但当地的居民和矿工认为，传统的习俗和智慧更加适合当地的极端环境。

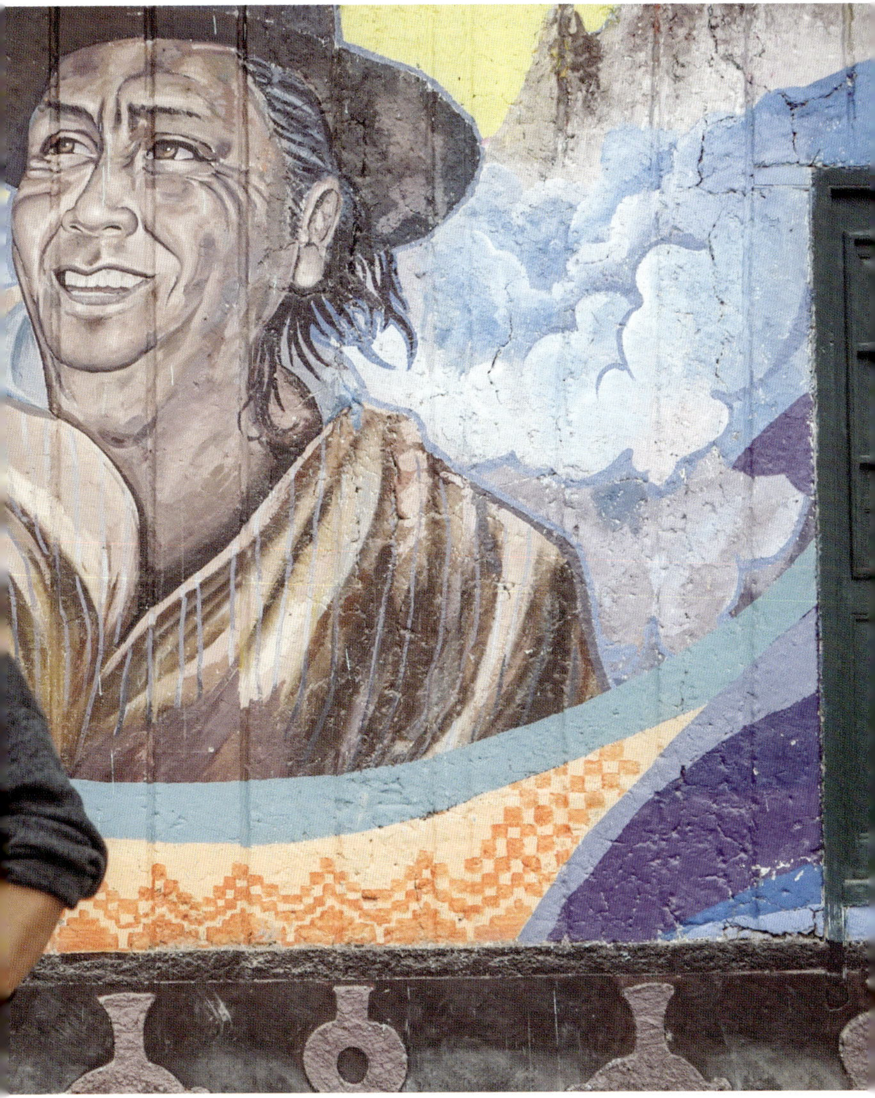

选举集会中喧闹的音乐往往能鼓舞士气,
给前进的人群带来节日的气氛。

PERRITOS Y GATITOS
LUNES 30 DE NOVIEMBRE
LOZA DEPORTIVA
(COSTADO DE COMISARIA CIUDAD Y CAMPO)
HORA: 9:00 AM - 3:00 PM
COSTO: S. 35 SOLES
MASCOTAS EN AYUNAS
CEL. 966722446
ORATORIO

豪哈（Jauja）曾在西班牙殖民秘鲁时期短暂地做过秘鲁首都。
尽管这里的市民看起来很谦逊，而且基本都是农业人口，
但这里却以节日庆典活动而闻名。
图片中正是他们自己的狂欢节。

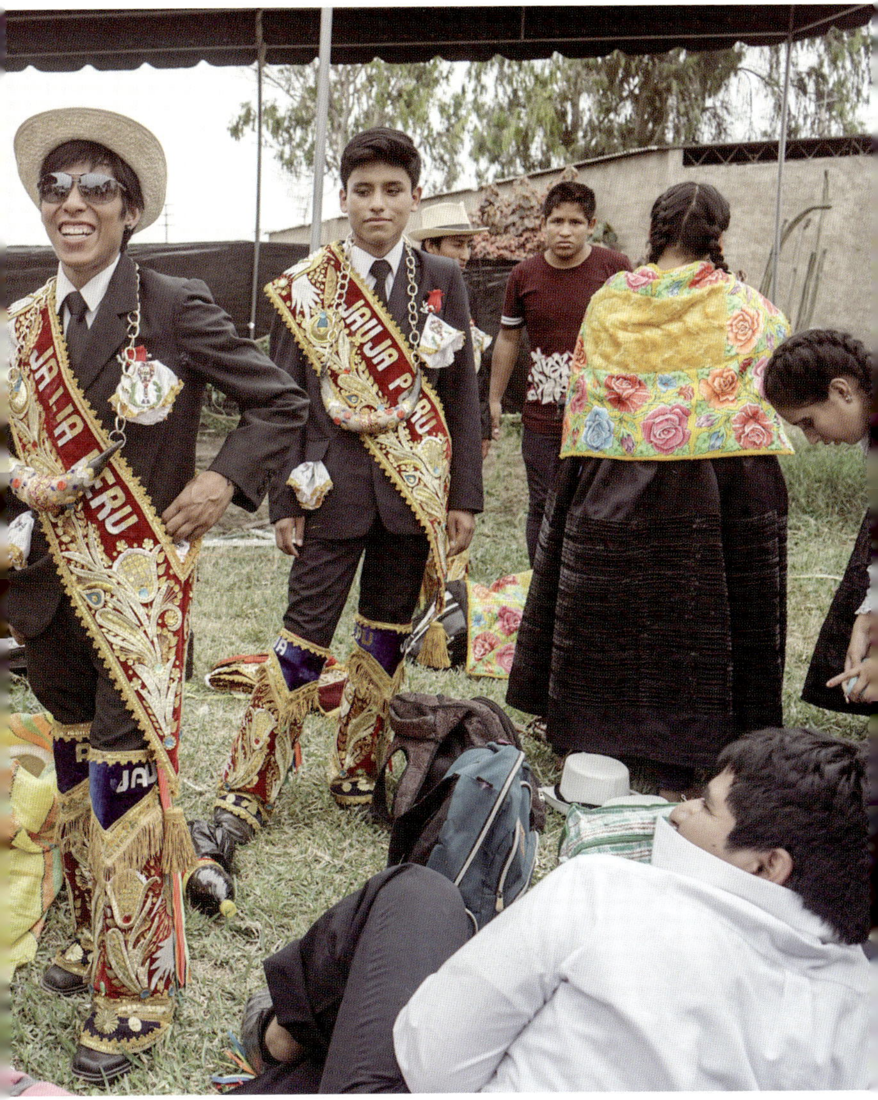
JAUJA

传统服饰以及它们的制作者
在豪哈的节日中持续不断地保持着活力。

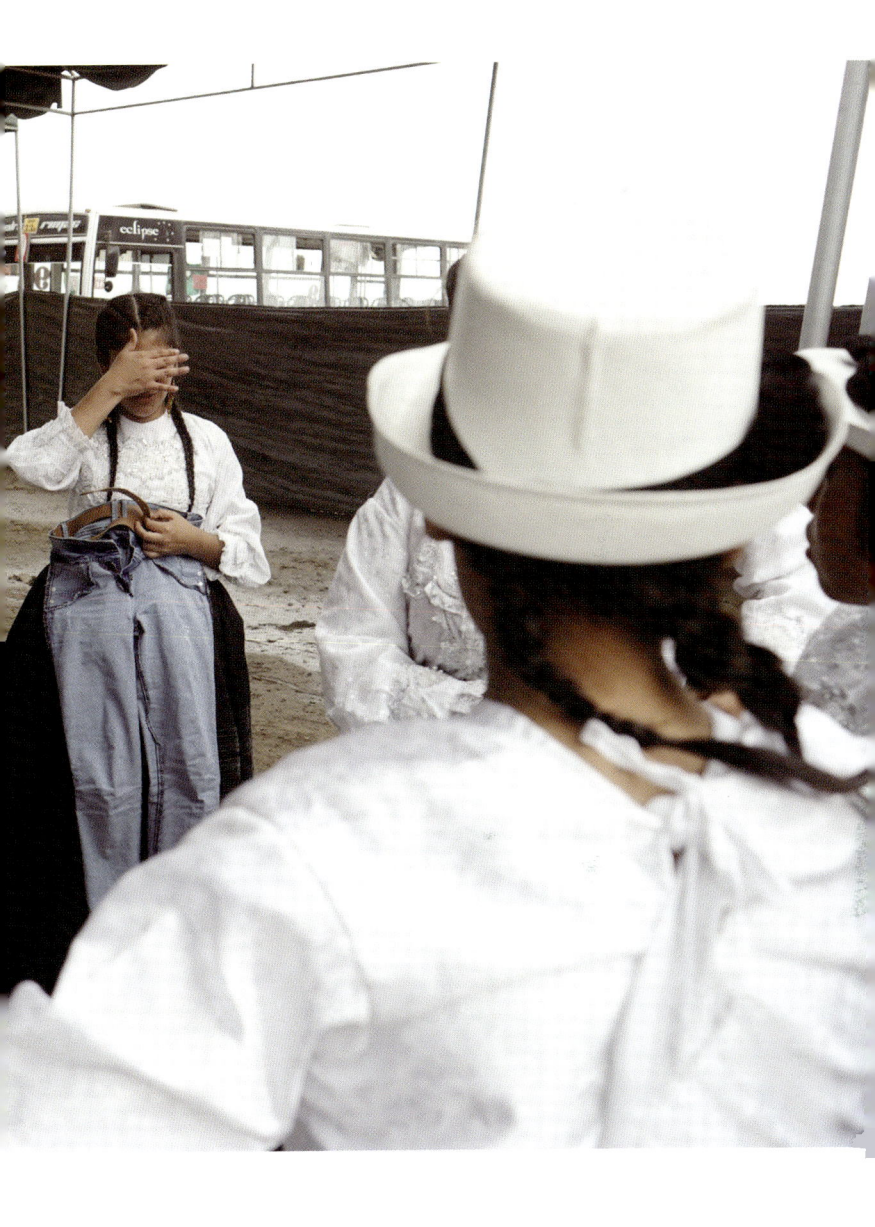
eclipse

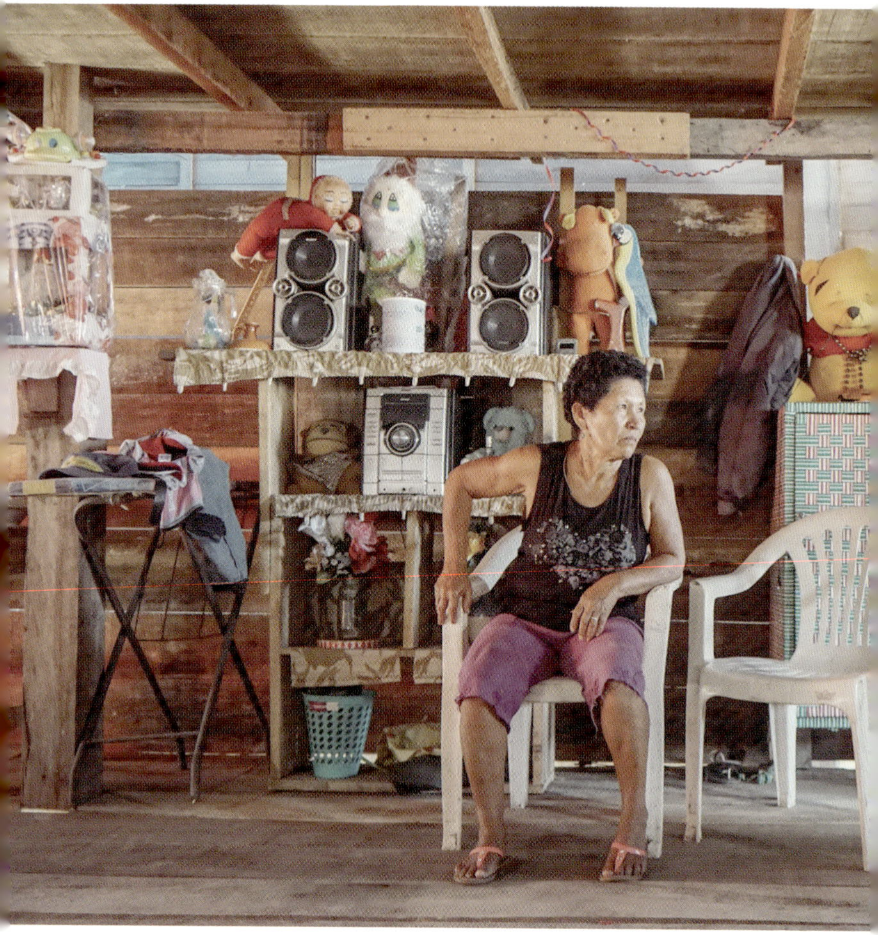

在利马和秘鲁其他地区，贫瘠海岸线的存在只是为了对比丛林中的阴郁生活。安第斯山脉的雪山为广袤的亚马孙丛林提供了充足的水源——虽然雪水的流向总是自西向东。伊基托斯是亚马孙河承载的第一个大型城市。

文献记载中的伊基托斯可能会让去往这里的旅行者们感到困惑，在历史记录中，这里不乏执着的远见家试图为人民带来希望和改变。1952年，患有哮喘病的年轻的切·格瓦拉在与秘鲁重要的马克思主义者乌戈·佩塞进行了一系列变革性的谈话后，来到了伊基托斯。他在圣巴勃罗·德·洛雷托（San Pablo de Loreto）将他的新信念付诸实践，这也是上映于 2004 年的电影《摩托日记》（The Motorcycle Diary）中关键结局的灵感来源。伊基托斯的那个麻风病院也是马里奥·略萨的小说《绿房子》（La Casa Verde）中的场景，在那里，福希亚（Fushia）和朱姆（Jum）目睹了繁荣的经济向腐败的黑暗转变，该地区陷入与丛林之外的世界隔绝的命运。然而，现代的伊基托斯仍然是秘鲁最贫穷的城市之一。近年来，位于伊基托斯的哥伦比亚和巴西的边界处被巴勃罗·埃斯科瓦尔（Pablo Escobar）等有很大势力的贩毒集团利用。

在伊基托斯的贝伦区，为与贫困抗争，安杰利科传教士、伏都教小贩、国际慈善捐款和政府的各方援助使该地区得以维系。一个典型的家庭住宅会容纳二至五个家庭。这里的卫生设施短缺、社会流动性不足、人们对未来的希望渺茫，这些都与伊基托斯周围郁郁葱葱的丛林形成鲜明对比。

豚鼠（Cuy）是安第斯人家餐桌上的常见食材。它们容易饲养，也经常出现在厨房中。它们是一种廉价的蛋白质来源，还能帮助家庭主妇们处理掉厨余垃圾。利马越来越多的高端饭店拥抱了这一饮食传统。因此，豚鼠开始以工业化的规模被养殖——其中的一些还会出现在城市的宠物店中。

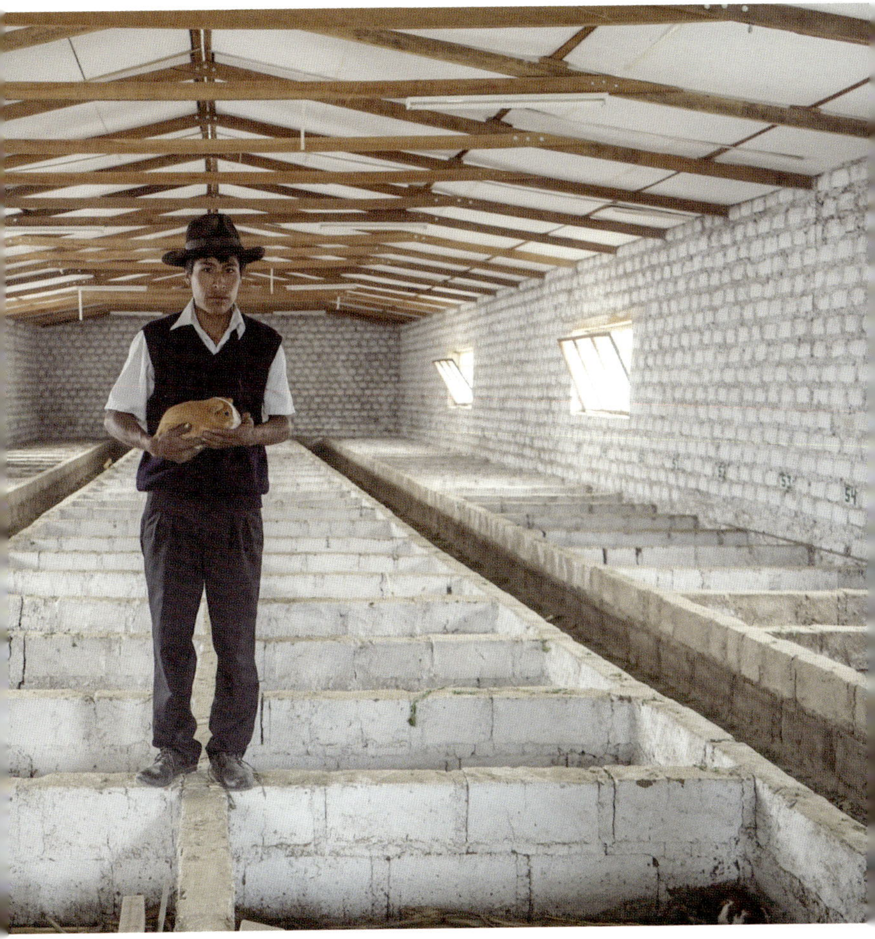

在秘鲁，当地人依然用克丘亚语名称"Palta"而不是西班牙语名称"Aguacate"来称呼牛油果。全球市场需求的增长使得牛油果从秘鲁人的日常饮食中逐渐消失。然而牛油果小贩和果农对秘鲁当地出产的这种水果仍然非常自豪。

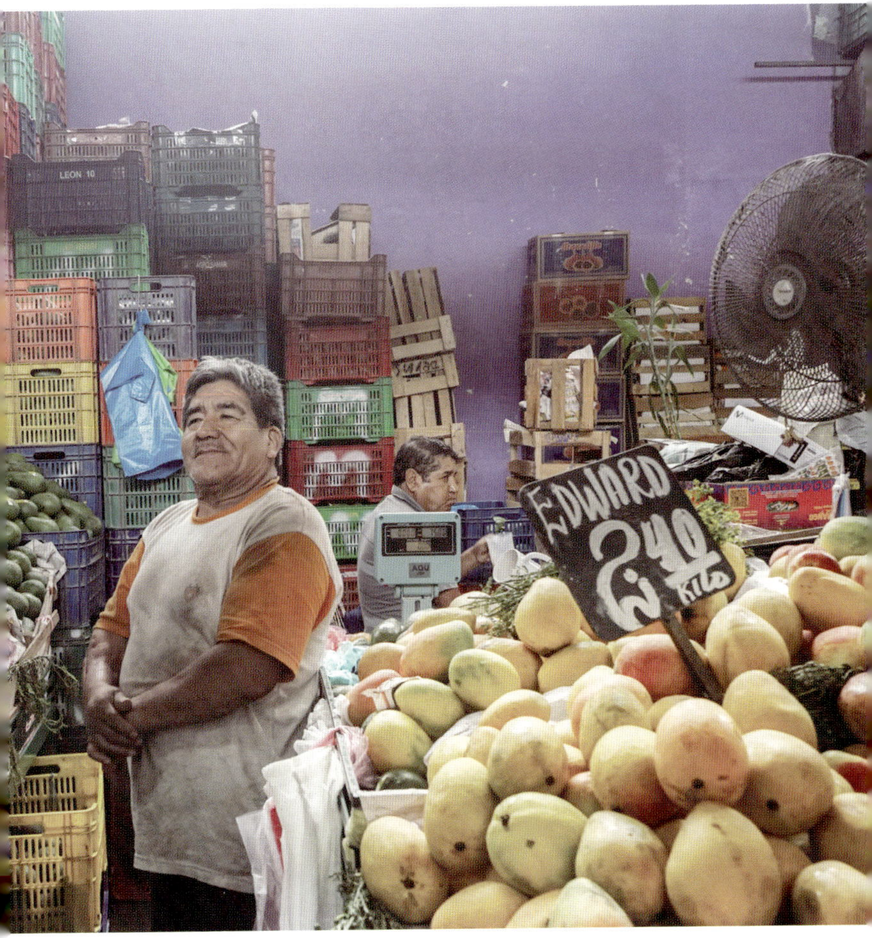
LEON 10
EDWARD
Kilo

利马中心城区的一个市场外。

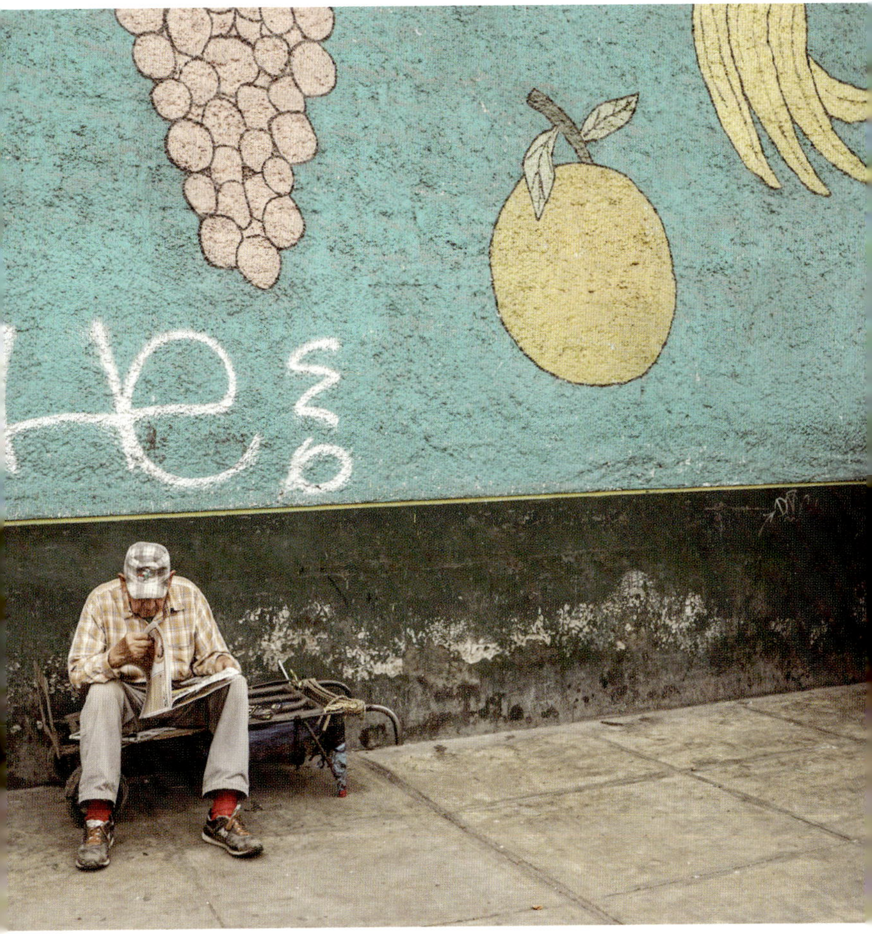

拍摄于伊基托斯贝伦区的肖像。

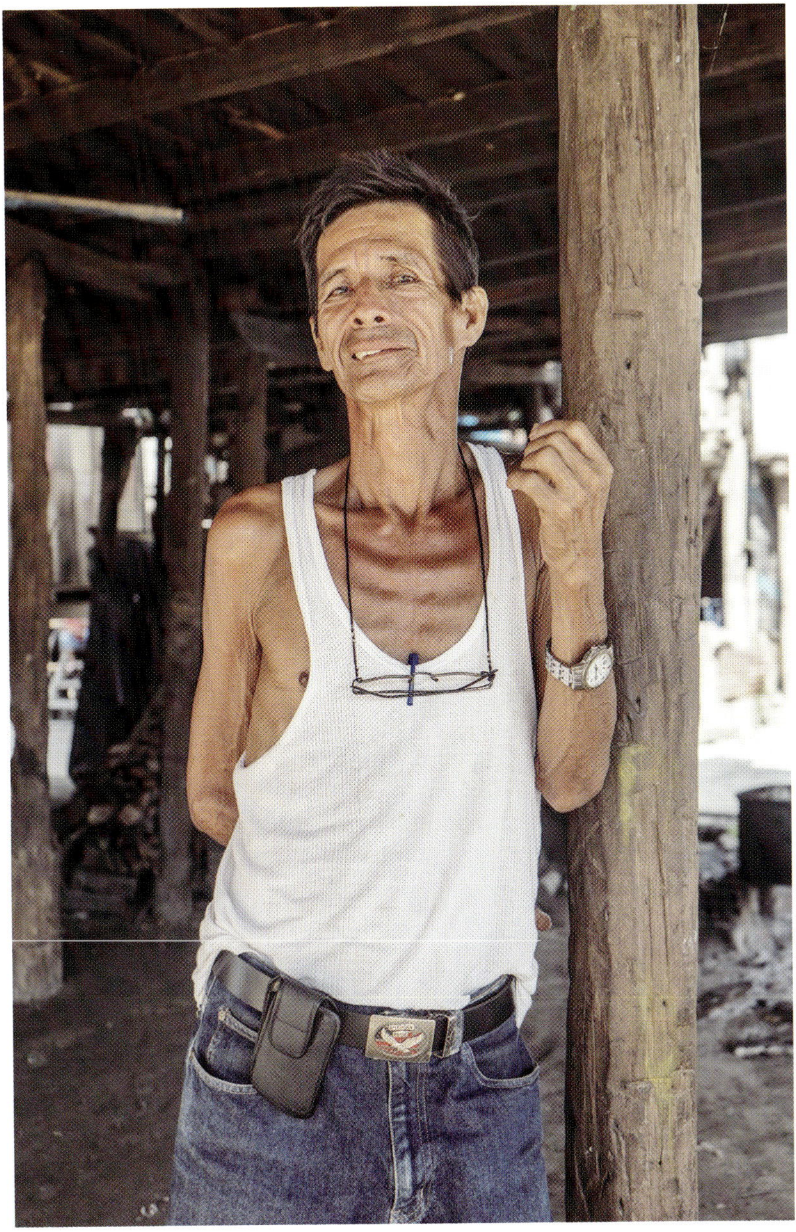

卡哈马卡（Cajamarca）附近矿区道路上的一名餐馆员工的肖像。

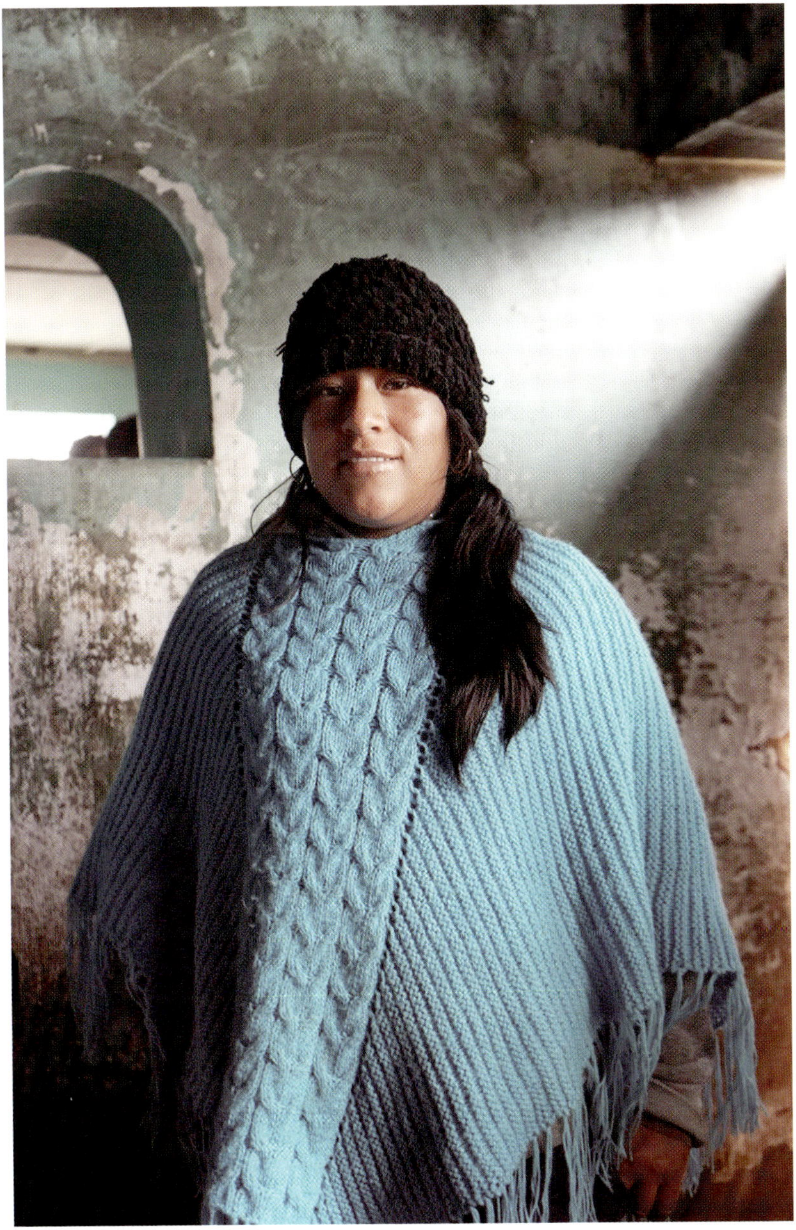

→ 8

Isn't it beautiful?

第二天我慢腾腾地起来，腿脚还隐隐地酸痛。昨夜辗转折腾到家时已然半夜，不能去找总统夫妇吹牛了。厨房里，伊莱恩盯着昨晚游行的电视新闻。桌上照常摆着今晨送来的几份报纸，头版醒目的标题写着：五万人的反藤森大游行！

"去了这么多人啊。"我回想起昨天人山人海的场面。

"是啊，谁能想到呢?"伊莱恩默默地回答，"电视上都没报道昨天我们的拉票活动，那场还是挺成功的。"

"是吗？"

"昨天的感受怎么样？"

"十分热闹，但不知道能有什么效果。"

我想绘声绘色地描述游行的场面，但又不好意思显得过于兴奋。

"这种事总是这样的。上面说略萨的前妻和女儿也去了呢。"伊莱恩翻开报纸的内版。

"好像有一位退选的总统候选人也去了，一大堆记者围着他。"

"哦？是哪一位？"她不免好奇地问。

田麒这时候也下来了："伊莱恩，你昨天应该去看游行的！十分壮观。"

"我看到你俩的照片了。玩得很好嘛。"伊莱恩答道。

正好让田麒接过了话头。我埋头去看游行的报道，心中怀着一丝侥幸，说不定哪家报纸抓拍到了混迹其中的两个中国人。可最终还是失望而归。所有的报道千篇一律，无非指出游行的规模，附上零星的采访。最后总结一句：目前藤森惠子还没有做出回应。

她能做出什么回应呢？不可能因一场游行的压力放弃自己多年的政治理想，也不可能和父亲完全地割裂，把罪行推到他身上，为自己的竞选开路。政治总要求人去搁置人情，认定合格的执政者应该把"民主""自由""正义"这些价值搁在常情之上。但反过来，为了位置、前途或抽象价值而摒弃感情，也难以让人信服。

如此一想，今天早上站在报纸前的藤森惠子必定也是万分痛苦。由于无法选择的出身，她这一辈子都要背负家族的污点。不同缘由的反对者，都会默契地揪住这点不放，像是一只摆脱不掉的牛虻。

每个政治家都有这样的痛处，尽管被戳得数不清多少次了，但仍会隐隐作痛。托莱多的弱点是嗜酒。竞选初期的一天早上，他约好接受电台的采访。电话接通的那一刻，广播里传来他醉醺醺的声音，前言不搭后语。好在电台的主持人厚道，以信号为由及时掐断采访，但也没完全阻止事件的发酵。经此折腾，自然失了不少选票，还落下个醉鬼的恶名，被媒体和竞选对手捏着。这个问题，从政治生涯开始就困扰他。当时媒体发布他的新闻，近乎每张照片上，他都端着杯子，影射他的酗酒问题。讽刺的评论说，托莱多唯一忠诚的竞选伙伴就是尊尼获加（Johnnie Walker）。

"都知道这些，送礼的时候托莱多手下还专挑贵酒。真不清楚是蓄意阴谋呢，还是真的没有政治敏感度。"田麒向我抱怨。他和伊莱恩说过话，答应晚上一起去利马的竞选活动。

我们回到市区取车，田麒朝着看门人嘟囔，举手抗议，对方头也没抬，一手把车钥匙递出来，另一手开了张通宵的停车票。于是，中饭我们也不忍奢侈，找了一家街头的小店凑合。

"晚上竞选的地方离贫民窟不远。"

田麒灌下一大口印加可乐（Inca Kola）。印加可乐是当地的软饮，1935年由当地英国移民发明。比可乐更受欢迎。金黄色的液体，甜得入口中发黏。他说的竞选是Election Rally，准确地说，是拉票的集会活动，候选人和粉丝近距离接触的机会。

"上次我们去过的？哦，那开过去要好久。"我说。

"两个多小时吧。咱们尽量在日落前赶到。"田麒手指敲敲桌子，示意让我加快进度。

当太阳消失在山背时，我们离目的地至少还有一小时。总统那边打过来电话，问摄影团队在哪里。

"快到了，快到了，最多半小时。"田麒匆匆挂了电话，打给胡安，问他们到哪儿了。那边还等着我们去接，自己不愿叫车，说去的地方太乱，担心摄影设备被劫。田麒丢给他们一个最后的时限，气冲冲地挂了电话。

"就这他妈还是本地人呢。"田麒抱怨着。

"我们去的地方到底在哪儿?"后车座上的戴维问。他执意让我和田麒把他从利马市奢华的酒店接出来,手上拎了个皮箱,挤进了我们这辆利马市最便宜的租车行里最便宜的起亚。

"地图上也没确切的地方,我大概知道。"田麒说。

"那我们要赶紧啊,活动七点就开始了。"戴维催促说。

"不要急,肯定还没开始。"田麒一副胸有成竹的样子,顺手扭开电台。我们固定只听秘鲁的一个电台,上面是80年代的美国流行歌。田麒坚持说,至少那时候的歌词,还能听懂在唱什么。

我们越过一个又一个山头,阳光彻底不见了。当我们从谷底出来的时候,眼前高低起伏的山上,一下子铺满了灯光。漫山遍野的橘黄色的灯光,像是一棵棵矗立的火炬,排成林,把本是沙土的山丘装点得璀璨华丽。

"确实很漂亮呐?(It is beautiful, isn't it?)"田麒的话让我想起那个曾经赞叹这般景象的美国人。

这时候,原本尖刺的无知显得情有可原了。夜色是苦难最好的伪装。我陷入两难的境地。目睹过白天的残破,我搭建起的那份强烈的道德感不能接受晚间的美景。即便从它本身的卖相来看，秀色可餐，光彩夺目，超过社会情操的考量。无论如何，相对那位美国人，原有的一丝道德优越感，算是荡然无存了。

我突然看到了上次和田麒吃饭的中餐馆，即便在夜里，它也凸显出一种与周围建筑不协调的富丽堂皇。利马中心城区的中餐馆，往往是店面狭小、鱼龙混杂之地，越往外走，中餐馆的尺寸越大，在周边环境中的地位也逐步上升。这当然有例外，市内的皇家炒饭（Chifa Royal）就是响当当的馆子，据说在狱中的老藤森偏爱他家的外卖。"Chifa"听上去像是中文的"吃饭"或是"炒饭"，据说是当年福建、广东的移民带进来的，不过是简单的炒饭或盖浇饭，现已成了秘鲁随处可见的街头小吃。

那天我和田麒出于对肠胃的考虑，在这片地界转悠时，挑了家最气派的馆子。中文的店牌，褐色立柱撑起的大厅，一面墙是镜子，四周挂着装饰灯笼，角落的电视正在放西语的综艺节目。皮肤黝黑的小伙招待我们坐下，邻桌是一对当地的父子。整个店内只有我们两桌。点单后，小伙走向柜台，被一位貌似领班的中国女孩拦下了，两人低头说了几句话，女孩朝我们的桌子望望，含笑走了过来。

她的白裙到膝，头发扎在后面，两缕耳边垂下，年纪同我们差不多。

"你们是中国人吗？"她问。

"是呀，你也是？"田麒说。

"对，福建人。"她笑着问答，说是过来打工。

"来秘鲁多久了？"

"快两年了吧。"

"之前是在国内？"

"不，之前在日本工作了三年。"女孩好奇地问我们住在利马哪儿，听到田麒的回答后连连点头，"那是个好区，挺安全的。"短暂地互留过联系方式，她便去忙了。过了一会儿服务员端上一壶奇恰汁，说是送的。

我此时此刻经过这家店，想起的只是她那张风轻云淡的脸，静静地回答说，"不，之前还在日本工作了三年"，好像漂洋过海的辗转，只是生活日常而已。田麒打心底佩服她，不像我们美其名曰的压惊，或是把经历当作讲故事和炫耀的资本。对于我们来说，不适是自找的。那一长串给这场旅途正名的理由，越看越像是自怜自艾的矫揉。我开始怀疑，政治是不是一种"多余的情怀"，留给逃离在生活之外的人靠近现实的错觉，这些人很少从自己的生活经验里爬出来。脑海中的公平正义，不过是教科书、文艺样本、都市传说画出的一张大饼，弥补我们的精神匮乏。给无所事事的人接近世界的理由和幻想，等你到了政治的核心，就愈发远离社会，远到就快是在夜色里遥望山丘了。

我们的车，与此同时迷失在地图上没有标记的地方。四周黑茫茫的一片。不是渐入没有光的地界，而是黑暗猝然而至，像是有人灭了灯。远处聚居区的灯火，走了一段，发现其实还离得老远，只有主路上尚存稀疏的路灯，海市蜃楼一般。

田麒把车停下来，指着墙根处站着的三个黑影："要不然问问他们？"

"千万不要！"戴维从后座探出脑袋来，恨不得伸手把我们拦下，"三个外国人，带着现金走丢了，还没有人知道我们在这儿，你这要去了就是请他们来打劫。"

他双手紧紧地抱着公文包，头挤在我和田麒之间，发胶浓烈的味道和古龙水混成一团。他嘴巴屏住气，鼻子一进一出，车里就只能听见他的呼吸声。

瞧着戴维万万不可的样子，我们打消了问路的念头。

"应该在这山坡的后面。"我瞥了一眼地图。可是坡上是泥路，斜度又大，为难这辆小起亚了。田麒把车倒后几步，准备一搏。马达声轰鸣起来，路边的三个人猛地抬头，惊奇地盯着我们。

车开始往坡上冲，未至一半，便后力不足，败下阵来。车轮在沙地里艰难地空转，卷起的沙子拍打车门，咯嘣咯嘣地响。坡比想象的还要陡峭，如同过山车的上段，我急忙拉上安全带，戴维立马回到后座。车子放弃了，熄火，飞速地往坡下滑去。田麒用手刹控制住速度，总算回了火。因为没有掉头的空间，只好慢悠悠地倒车下坡。

我们又回到了原地。

经此折腾，戴维说要下车如厕，我也跟着下去方便。戴维不知去了哪个方向，一下车就不见身影。我不敢走远。等提上裤子往回返时，突然听到狗吠。不，是一群狗吠，声势壮大，越靠越近。前面跑来的黑影是戴维，朝我们大喊，快回车里去。等三人到齐，我们马上锁上车门，大舒一口气，逃回到大路上。

仔细研究了一下附近的地理位置，我们决定绕路走。驶过的地方很快就没了路灯，街边像是废弃厂房的民宅，没什么亮光。围墙断断续续，墙头时不时闪现透绿光的兽眼。又走了十多分钟，不远处才浮现街区和灯光，还有隐隐约约的乐声，沙子也跟着音响的节奏震动。

我们知道应该快到了。

拉票的舞台设在低处，四周是沙丘。从远处望过去，和中国农村唱大戏时的临时场地差不多。人头陆陆续续地从四面八方爬上沙丘，朝着舞蹈、歌声和亮光的中心汇集。舞台的正下方是最忠诚的支持者，穿着绿色的短袖（总统政党以绿色为标志），挥舞大旗，跟台上的总统一起扭动。年纪大一些的人背着手，在人群后面观看。年轻的情侣则把转移父母注意力的活动当作单独约会的机遇，两两地坐在沙丘上，漫不经心地望着舞台，在彼此的耳边说着情话。

鞋里滚进沙子，走起来不舒服。沙地的杂物太多，又不敢和小孩一样肆意地光着脚。三个孩子拿着木棍追着玩，到我这里的时候突然停住了，个头最小的窃窃地问他的同伴："中国人是长这样的吗？"

没人关心我们的晚到。总统秘书站在台下。他有德国血统，个头高大，皮肤白皙，在团队里异常显眼。他从不迟到，每天早上按时来到总统家。每次打招呼必是握手，喜欢叫我"吕博士"。我不止一次地同他解释说只是在读博士生而已，他说不打紧，头衔仍然可以先拿着。在争权夺势的会议上，他要么不参加，要么不发言，一心一意地帮总统安排行程和准备演讲，由此成了最怡然自得的一位。和我聊得开心，并无爆料或抱怨，只是把手机掏出来，给我看看家人的照片。

"你看起来轻松多了!"我对台下的他说。

秘书抚抚胸,"每次只有活动开始之后,我才能松口气"。

从侧面望过去,目光穿过台阶,临时的脚架和柱子,只能看得见被切割的台上风景。台下的观众,一个也瞅不见。总统、伊莱恩、副总统候选人和议员们一排站过去,相互传递话筒,向台下喊话。话一停,音乐就扬起来,观众们这时候一阵热烈的欢呼。总统的嘴角弯起来,开心地扭起身子。田麒穿梭在人群里照相。胡安也赶来了,多亏朋友借了车。他冲我笑笑,赶紧架好摄像机。音响的声音太强,震得耳膜受不了,我便往沙丘上面走,心想远离一下中心的热闹。

到了停车的地方,大大小小的客车静默地杵在荒漠上。没有光,它们像是搁浅在一片黑水里,形成比黑夜更深的阴影,围作自己的营地。阴影似乎在蠕动。我走近,吃惊地发现,不少小孩或老人正倚着面包车休息。司机等在一旁,不耐烦地看表。我这才明白,原来声势浩大的"支持者"并非全是附近的居民,也有党派组织从别处专程拉来壮势的。地方偏远,乏累的人不能提前离开,要等活动结束才能一同乘车走。

他们像是从战场退下来的士兵,垂着头,东倒西歪地靠着彼此。在孤立无援的荒漠中等待希望。年龄大点的孩子时不时地站起来,查看车门有没有开。他踮起脚,双手勉强能够着车窗,他便这样一个个地检查过去,希望哪怕能有一个没有关好的车窗。现实证明了他的徒劳,只是双手还不甘心,伸出去趴在最后一个窗子上,他放的时间之久,甚至让我以为他是那样安静地睡着了。

音乐停止了,人群渐渐地散去。我决定不参加之后的活动。田麒把我送回,又和戴维去了市内。庆功的夜宵在皇家炒饭,就是传闻给藤森送狱饭的馆子。

→ 9

流亡

北京之行后的不久,总统面临牢狱之灾。巴西政界展开"洗车行动"(Operation Car Wash),奥德布雷希特的贪腐案波及拉美各国,政要纷纷因为接受建筑工程的贿赂牵扯其中。秘鲁90年代以来的总统无一幸免。起初把消息转发给总统时,他们在法国度假,没把这当一回事,全是在看政敌们的笑话。"不过是无聊的政治斗争。"伊莱恩回复说,附的照片是阳光下的奶酪拼盘,"瞧,我们的退休生活。"

一两个月后,情形严峻起来。总统的旧案("Ecoteva

Case")[1]被翻出，涉及从奥德布雷希特受贿的三千万美元。伊莱恩的信息变得短促而急躁。她不断说，这是一场政治迫害。签约的公司和大学取消了合同。秘鲁检方发出逮捕令，悬赏十万美元追查总统的行踪。此时，他们已经回了加州，在斯坦福大学旁租房暂住。

英国初冬一个阴冷的早上，新闻上出现了总统的家。我一眼认出了门口的灰色地砖，绿色花园。检方的工作人员穿着短裤，手持相机，不像是专业的样子，记录搜查和抄家的全过程。物件一样样地，被毫无表情的工人搬出褐色大门。我急切地在画面里寻找司机、胡妮塔、Kushi、老乌龟，可是一无所获。托莱多在任时的财务部长、现任总统库琴斯基发表声明，表示对托莱多案件的遗憾，说如果过去共事的时候知情，会立马从腐败的政府辞职。

伊莱恩不再回信息，我也不去过问。

秘鲁如影随形。因为秘鲁，我换了博士的论文题目，与导师差点不欢而散。周遭人不甚明白，一场旁观，何故带来这么大的变化。只有我清楚地知道，自

---

[1] 总统的旧案：2013年秘鲁的反腐调查员发现，托莱多岳母名下的公司Ecoteva在秘鲁有多处高级地产，资金来历不明。托莱多先提供证词，说财产来自德国政府给予反犹大屠杀幸存者的赔偿，而他的岳母正是幸存者之一，后又改称是来自房产中介的贷款。这桩洗钱案对托莱多和其政党的形象带来重大负面影响。

己是一秒钟也没法忍受缺乏经验的空谈了。一场旅行，带来不了什么智识上的突飞猛进，但足够产生厌恶，对把控感、对夸夸其谈的厌恶。评点的语气，巧妙的词汇，似是而非的结论，都在现实之外，又创造了令人满意且不出乎预料的现实。在那个现实里，我们感到无比的安全，确定，可预计。不可预计的归作娱乐观赏。我就这样被夹在了中间。两种现实我都回不去，进不去，他人的楼宇，在我这里是断壁残垣。

"总统也听说了你换题的事。"田麒说，"哈哈地笑你还是太年轻。估计还跟福山[1]调侃这事呢。福山用的是他的旧办公室。"

"他还能回斯坦福吗？"

"访问学者的名头应该是取消了。"

"在加州怎么维持生计？"

"也开始找我借钱付房租了。他在秘鲁的两套房子都被封了，海外后路也没留住。他们离岸的公司在丈母娘的名下，这老人家还健在，死也不立遗嘱。别人说该是放弃他的时候了，我还是有点不忍心不是。再

---

[1] 弗朗西斯·福山（Francis Fukuyama, 1952—），日裔美国政治学者，哈佛大学政治学博士，著有《历史的终结与最后的人》（广西师范大学出版社, 2014）、《政治秩序的起源：从前人类时代到法国大革命》（广西师范大学出版社, 2014）等。

不济让他们搬到便宜点的地方,我就这样先照顾着。"

"他是真的没钱了吗?"

"我想是。他已经垮了。"

"喝酒还是那么厉害?"

"嗯,还是耽误事。你要是还有联系,也提个醒。当初去秘鲁前,只看了托莱多的英文资料,觉得没什么问题。早知道应该拿西班牙语查一下,才知道这些陈年烂事。"

随着丑闻的扩散,周遭对已是过去的秘鲁之行又冒出兴趣。秘鲁的政局"争气地"演化为一场眼花缭乱的闹剧。库琴斯基没有摆脱与奥德布雷希特贪腐案的关系,面临藤森惠子领导的反对党在国会的弹劾。老藤森的儿子藤森健二,与姐姐的立场分裂,以支持库琴斯基为条件换取父亲的自由。库琴斯基以微弱的优势免于弹劾,随后宣布以人道主义的立场特赦阿尔韦托·藤森。当时正值12月,服刑十年的藤森重获自由,出现在了利马的医院,被称作"圣诞节特赦"。舆论哗然。反对者再次掀起上街抗议的高潮。与此同时,惠子和健二的权力斗争升级,两人都在力图继承藤森的政治遗产。数月后,惠子的反对党公开库琴斯基律师与藤森健二贿赂官员以反对弹劾动议的视频。与十八年前丑闻视频引发老藤森下台的手段如出一辙。

库琴斯基面临第二次弹劾，在国会投票前仓惶辞职。健二因为贿选失去了议员资格，反手揭露姐姐在2016年大选中接受奥德布雷希特贿赂，藤森惠子遭到调查和拘捕。老藤森的特赦被最高法院推翻，在十个月后重返监狱。自此，藤森家族的两代人皆成罪犯。继任的总统誓言要继续追查腐败。

接连的拉美政治研讨会、拉美学生聚会，大家都希望我在茶余饭后谈谈参与总统竞选的见闻。他们把这当作一千零一夜，当作马可·波罗。他们睁大眼睛，郑重地点头，听的时候互相查看彼此，确认故事的可信。惊叹之后，他们说哇，挤挤嘴角，转身而去。墨西哥朋友说，秘鲁可以专门为总统们建一个监狱。他看出来我的不满或是忧虑，又说，别担心，他们总会回来的，总是如此。还有一个秘鲁人，同我陷入了争论。他没有公开说我是个骗子，但也离这个说法不远了。

"你在同情一个罪犯吗？"他说，"你要不然一点都不了解政治，要不然就是没有立场。你知道这些人毁了我的国家吗？"

我也在争论中失去了耐心。"一个国家要是能够专门生产亡国的总统，还一连生产四个，那是要怪谁呢？"

他生气了，脸涨红，大步向我走过来，被智利人给拉住了。"好歹，你们糟的时候也比我们国家温柔些不是。"他打趣说。

秘鲁人还是没有善罢甘休，他隔着智利人对我喊道："你不要以为见过谁，就能谈论别人的国家。"

在那之后，我确实也对秘鲁的事情闭了嘴。但是我还是去了塞尔吉奥·莫罗（Sérgio Moro）的演讲。莫罗是巴西联邦法官，正是他主导了"洗车行动"，掀起横跨拉美的风暴。讲座的地方是牛津辩论社古典的讲厅。伸到屋顶的书架上，布满皮革封面的议会文稿，散发旧书残卷的味道。这是一场社会仪式。在打扮严肃中，法制，公正，平等，这些平日空乏的词汇，恢复它们的神圣意义。我不晓得它们往日里是不是神圣的，仅仅是败在了我们这一代；还是说，它们的神圣只有在这样的房间里才存在，才能摆脱自身无形的荒唐。

两名穿黑色西服的保安先进来，绕着白色的耳机。然后秘书，宽框眼睛，褐色皮革的公文包，他走上前和主持人寒暄。最后莫罗进场，和老练的明星一样，他的脸方方正正，看上去硬如铁盒。主持人介绍他是巴西最受欢迎的政客。莫罗的表情没有丝毫变化。他走上讲台，没有笑，反是表现出更加的刚毅正派，直入主题。

"腐败不仅会影响公共财政,改变当地的投资环境,它还侵蚀了民众对法制和民主的信心……"

邻座的女孩拍到了他的照片。她又把摄像头前置,自拍一张自己在书架前的模样,随后收起东西,转身离开了演讲现场。

"我要让司法系统继续工作,让大家知道,正义不会迟到……"

伊莱恩对我说的最后几句话,都是不要相信法制,不要相信司法,不要相信写在条文上却能置人于死地的东西。

"玩政治?那会有政治后果的。拉美的腐败尽人皆知,对腐败的惩治就是对国家的尽忠。政治已罪犯化了,政治家们便是罪魁祸首……"

政治是一种犯罪行为。人天生是政治动物,这要上升成原罪论了。没有什么能在政治里洗白。信念,动机,利益,都坠入了混杂的不可区分的泥潭。是非,正误,扑朔迷离。不是一份可见的恶,是浓雾,扑朔迷离,泥沙俱下,永远得不出真相的含糊不清,积重难返。只有审判政治才是正义的。它从泥潭里拎出来一条透明纤细、定论清晰的水藻。绿油油,湿哒哒,等待晒干陈列。

我想问他一个问题。于是举手,问他怎样看待自己的"运动"跨越了边境。

"秘鲁人和阿根廷人,都想达到这样的境界。他们问我,'你是怎么做到的?'我说是有希望,但划定希望的范围,还为时过早。"

他说罢这句话,手上一滑,水藻又掉回了泥潭。我心里肯定了一个猜想,他的政治生涯才刚刚开始。他做的可不是船夫,而是正在岸边脱衣裳,做热身运动,随时准备投入泥潭。

秘鲁检方向美国发出了引渡总统的要求。我联系了总统,是伊莱恩给我回的信息。前些时候的紧张和焦躁消失了,她语气平稳地说,这可能是一场旷日持久的斗争,不知道我们是否能活到尘埃落定的时候。总统还好吗?我问。他一直在书房里写书,伊莱恩说。想到总统伏案写作的样子,有些违和、有些憨的画面,我觉得气氛不至于太坏,便说,可不要一不小心成了流亡作家。伊莱恩说,那至少不用担心房租了。

倒是我,好像经历了一场流亡。我再也无法适宜地安放秘鲁之行。它彻底提醒我是一个"他者",在拉美,在英国,在学界。与其他的冒险不同,它无法被转化成一段谈资、阅历,甚至是创伤。无法归类,无法释然,无法忘却。我没法安放与总统一家的关系,不是反对者，不是仰慕者，不是朋友，不是敌人。当然也不是田麒和他们那种密切合作的关系。比起定义我们是谁，或让人醍醐灌顶的经验，它只是说我不是谁和不再是谁。我很难在图书馆安心，文本给不了我对世界的掌握和信服的理解。它是见未曾谋面之人前的准备，只是你可能永远见不到这人。我需要有血有肉的经验，但它们同样遥不可及。我回到那个看上去庸俗的问题，"有用与否"的标准：看书有用吗，当总统有用吗。不去关心有用与否，自我陶醉在小天地，同样感到肤浅和摇摇欲坠。总之，我好像没了标准，也没了入世的动力，出世的决心。

田麒不为其扰，觉得这是知识分子的事儿多。秘鲁选举吊起他的胃口，助他下定决心，要走政治掮客的路线。秘鲁没了，还有上百个国家等在后面。这不再是一场学生时期的冒险。凡事要冷静分析，理性拿捏，管控得力，才能游走在资本之间。

"你还记得山顶上的耶稣吗？"田麒有一天突然问我。

我记得那是去贫民窟的当天。我们的车继续往山丘里开。田麒说，不能减速，你坐好。道路狭窄，扭曲，总感觉前面的路口，就是死路一条。房屋不像远处看到的时候那样破陋，棚子或水泥墙，刷上了鲜明缤纷的色彩，街头冒出来踢球的孩子。过了一两个山丘，到了一座小山顶，矗立着一座基督像。这里视野开阔，三三两两稀疏的人，正在拍照留念。这是阿兰·加西亚做第二次总统退任前修建的，说是要秘鲁能有和巴西一样的地标。

远处是大海，礁石像岿然不动的龟壳。风浪翻来覆去，激起白色的浆沫，退去之后，湿漉的外壳愈加光滑。我想起上学时和田麒的一场争论，一场旷日持久的争论，从国际关系的课上吵到哲学课，延续到美学课——我们要不要接受现实主义，以利益来决定关系？我想我们都没单纯到相信自然秩序。但是，把人看作是利益的动物，我们要怎么行动？是要建立起以利益推动和角逐为目的的生态吗，还是要留存理念和价值的可能呢？

"如果有一个人选择了现实主义的算计，那么生态里的其他人也不得不这么选择。而你永远无法阻止那一个人，只有现实主义的考量能制止他进入另一种现实。"田麒的观点大概是这样。

我认定人在本性上能做的变革太微小，试图转变人性的政治实验和运动无一不是惨淡地失败了。我们唯一能有的空间在于行动，那种本能上对知行不一的抵制才是人性所在。这场争论不欢而散，以至于后来发生的种种事情，我们总回到对方"不近人情"的现实主义和"不谙世故"的理想主义来解释。田麒自己说，他的优点，就是脸皮厚，总能跟没发生什么一样继续关系，在我们的争论过后的几个月，一天在吃饭的时候，他直接到我对面坐下，开始谈新项目。我现在想起这场争论，不是为了理清来龙去脉，它确实在海浪和礁石面前浮现得清晰了。我是想，现在我们恐怕都不会再卷入这样的争论了。我们会彼此窃笑，迅速地从这样的场合溜走，不会等到需要发言的时候。比现实的人还彻头彻尾的现实主义。我们不讨论颠覆当下的秩序，对于讨论秩序的形成也兴趣阑珊。信仰体系？我们对此窃笑。我们低下头，看着现实从躯壳中穿过，就像水流从河道里穿过，直到它涨水淹没，汪洋一片，泥烂得不分你我。

"我还记得。加西亚修的。"

"对，报纸上说也是拿着奥德布雷希特的赃款修的。"

突然间，过去的潮水好像涨回来了。

"不再去想想为什么要做，是让世态更好还是更坏？"我不忍冒出来这句话，说出口便预见了它的碰壁。

"你怎么在秘鲁之后，还这么迂？现在还容得下多想和空话吗？"他回答说。

我把自己和田麒区分开来的想法确实是多此一举。在许多场合，当说出我的毕业学校和拉美经验时，对方会说，"你是姓Tian吗"，或是，"你认识Qi吗"。

我只好摇摇头，或是点点头，"我们是认识的"。

"他做的事很有趣，对吧。"

"我想多数人都会这么觉得。"

田麒在秘鲁的时候开始写日记，说要记录历史，不知道他是否还坚持着。在利马时，他拍的一张我的照片，正是我卧在床上写日记的时候。灰色短袖，汗珠滴答，笔在手上滑。

"快点，快点。"他放下相机，口中嘟囔着，"写完我们赶紧去吃饭，待会还要回来P总统的照片。"

"耐心点，反正我们也无关胜负。"

"那也得上点心，你还住别人家呢。"

"喂，你说如果我以后把这写出来，有人信吗？"

"估计是说，一个中国人在拉美做的梦，编的故事。"

"那最后，我们知道不是编的就行，给我们自己立个念想。"

"故事从来无关事实，"田麒站起来，叉着腰，说出了我认识他以来过耳不忘的一句话，"它们只是提醒我们曾经活过。"

→ 10

小偷、醉汉和泳池夜话

眼看要大选了,我总算在英文媒体上读到秘鲁选举的社评。来了这么多天,朋友都担心,说什么消息都没有,完全不知道秘鲁在发生什么。的确,本来最有可能引起国际关注的游行,因为和平的收场,没卷起任何波澜。作为一个普通人,想要吸引媒体,不过色情、暴力或血腥;作为一个"普通国家",处境相似,不过是丑闻、战乱和灾难。所以说一个不大的国家在国际媒体上的销声匿迹,不清楚该说是悲哀还是庆幸。

社评的作者是我一直以来敬佩的政治学家，新生代中的佼佼者。读了开头，却再也进行不下去了。那些原本熟悉的词汇，"精英""阶层""竞争""民主巩固"，此刻距离遥远。我这些天来经历的一切，在寥寥数句的概括中，显得那么完美有序、理所当然。人物的动机昭然若揭，社会的规律不容动摇。一切事件都有了解释，成了因果中必然的一环。我察觉到作者的狡猾圆熟，他特意留存另一种解释的空间，无论最后的结果如何，都不足以推翻信奉的体系。只是我不肯相信这样的体系。虽然它提供了可靠的让人安心的现实，虽然未来的历史书更有可能是一笔带过，我也很难把这些天的经历简化成一个解释、一个符号、一个剔除不确定性的必然。

忽然之间，好像任何写下的文字都不过是对现实轻佻的描述。

然而我的经历呢，难不成它提供了一个更接近现实的描述？可惜没有。受到视角和立场的限制，我的经历不会比其他的更接近真实。多种描述的共存称得上真实，它们有时候不是对同一个世界的不同阐释，而是处在根本不同的世界中。平行感也许是最真实的，一个人随时可能栽倒在另一个时空里，可多数时候，我们只愿选择相信其一。拿一种现实来压过另一种现实，不过是换副不同度数的眼镜。

沾染西语地区午睡（Siesta）的习惯后，我的午后变得短暂。这一觉醒来的时候，太阳快要下山，那些扰人的问题也随着温度退去了。田麒和我去饭店与总统会合。沿着海边大道一路开过去，夕阳透过车窗射过来，让人睁不开眼。那一轮红日，就要和大海融到一起，两者的边界变得模糊，分不清哪里是水，哪里是光。我痴迷地望着这个景象发呆，日落的强烈、热诚和不可避免的消失都那么的直截了当，毫无遮掩。无须光谱原理或是天文常识，也能轻松体会穿透的魅力。

此刻的静谧，让我想起利马近郊无名小镇的教堂。偶然一日，我经过它的时候，同是日落时分。斑驳的黄色墙壁，在夕阳下熠熠生辉。走进去，渗着一丝凉气。秘鲁教堂的内置装潢比不上南欧，对于无信仰的人来说，缺了些美学的吸引力。我正准备离开时，发现空荡荡的后排，有一位深跪着祈祷的老妇人。她身着传统的民族服装，黑色的帽子放在一边，双膝静静地承载全身跪在木板上，秋叶般干枯、布满纹路的双手紧紧地握在一起。顺着她的背影一路朝上望过去，正是矗立在教堂中心的基督受难像。那审视过不知多少信徒的眼神，此时落在唯一的祈祷人身上。

我无比、无比羡慕这位妇人。她挑准了一个信仰后，诚心地跟随。

和总统见面的地方是海边的一家馆子。在门口，田麒把车钥匙交给面对小起亚不知所措的招待员。一身丝绸旗袍、妆容精致、谈吐轻柔的女招待将我们引向二楼。总统和身边的几位顾问正坐在那儿用餐。宽阔的落地窗，把日落的场景尽收眼底，层层海浪在沙滩上的翻腾声就在脚下。总统伸出手邀我们坐下，周围的人却没有丝毫移移椅子的意思。我和田麒知趣地完成基本礼节后，就告辞了。

刚从海边开出来，迷人的日光还未退去，戴维打来电话，扬言要请我们吃饭。田麒说，太阳打西边出来了，每次不积极买单的人居然有主动的一回。我们拐去酒店接上戴维，挑了个价格不菲的馆子。三人坐下来，没什么胃口吃饭，默契地点了三杯鸡尾酒。

"现在怎么办？"戴维深深吸了一口酒，抛出了他的永恒之问。

"只剩两天，我们恐怕也……"

"这酒真不错，你尝尝。"我话还没说完，便一下子被戴维打断，他把杯子推到我跟前。我接过来，准备用自己的吸管。

"没事儿，你直接喝就行。"戴维说。

我还是抽出吸管，顺势放到了戴维的酒杯中，方才抬起头，装作是刚听到他的话。

吸管沿着杯壁滑下，一路敲打着冰块，清脆地作响。我吮着吸管，注视着翠绿色的液体从杯底缓缓升起。我已经忘记了自己点的酒叫什么名字，无意去关心戴维的选择。无论好坏，这都将是最后一次品尝。即使若干年后回到利马，我也不会专程来这儿重温今日的酒味。

这是一种奇怪的感觉，在还没认识之前就要道别的悲凉。与此同时，没入口的还有秘鲁。我还没来得及认识这个国家，就要同它道别了。谈论大选已经和谈论酒名一样，短暂的存在和必然的遗忘，让人失去了开口的欲望。

翠绿色到了唇间，一股冰凉的薄荷气冲了进来，带领队伍在口中横冲直撞，紧随其后的是青柠檬和猕猴桃。酸味像是一团冬雪在舌头上融化，汇到了春日烈酒翻腾的河流，沿着喉咙倾泻而下。我不自觉地啜了一大口，希望多给脑海中留个鲜艳的印象。饮毕，我把它推到田麒的面前，我们仨就这样交换了饮品，各自品尝了一遍。

"这只在秘鲁才不让人觉得奇怪。"田麒说。

"什么奇怪？"戴维不明所指。

"三个大男人交换着品尝鸡尾酒。"田麒答。

空腹喝下一杯酒,竟然有些微醺,我们三个人聊得越来越肆无忌惮。戴维大声嚷嚷似的呼来服务生,添了一盘小菜。我们把整个团队评点了一遍,喜欢的和不喜欢的人,把荒唐的体系和选举骂了个狗血淋头,引得邻桌衣冠楚楚的城市中产愕然侧目。在抱怨快要堆满餐馆的时候,戴维扶着我说:"去他妈的这个国家。但是,我还是会回来的。如果总统需要我,我就回来。这不就是祖国吗。"

田麒酒后驾车尤为钟爱按喇叭,不过在这个喧嚣拥堵的城市,反倒显得合群。车与车的距离变得和情人一样微妙,我们差点被变道的车剐蹭。田麒气不过,摇下车窗,向那个司机愤怒地摊手。肇事者也摇下车窗,手向上伸,拍了两下车框,不知道是表示歉意还是抗议。

到家时,只有两位用人在。见到胡妮塔和蔼的微笑,内心一下子温暖起来。虽然我俩还是无法交流,但已能自然地贴面问好。我记得戴维在饭桌上提起胡妮塔,说她是屋子里唯一的明白人,目睹过太多的幕后起伏。戴维初次拜访的时候自然没有漏掉总统身边的人,给他们都带一份小礼。看到胡妮塔特意收起了礼物的包装,戴维急忙说不要紧,如果喜欢下次过来的时候再带些来。胡妮塔抬起头，仍然带着她温和的微笑："你们这些人，大选后都会走的。"

到了半夜，见总统还没回来，胡妮塔便上楼休息了。田麒到家后，先是热了几片吐司，夹着冰箱里拿出来的火腿和沙拉，大快朵颐。我倒是敬佩他的这一点，上能在米其林的馆子"说三道四"，下能抓起仅有的食材"津津有味"。

等填饱了肚子，田麒对我说："刚才要开车，喝得不过瘾。我们再找点东西来喝，"边说着他就走到厨房的酒柜，和主人招待初到的客人一样，"这里面的我们应该都能喝，没问题。"

我瞧他拿起了威士忌，又被皮斯科引过去，正在两者之间踌躇，柜子深处若隐若现一樽红白相间的瓶子。

"茅台！"田麒说，"据说这是当年总统访华的时候，中国送的。"

"那应该是真茅台。"我说。

"要不然我们就整这个。借以怀念一下祖国同胞。"

"好呀。"琢磨了半天，我们才把包装和瓶子打开，揣起两个杯子，走到后院的泳池边。

刚坐下来，田麒喃喃道："这还不够，客厅里还有雪茄。"于是我俩摸黑穿过庭院，拉开客厅的门，外面浅橘色的微光漏进来，落在茶几上一个长方形的银盒上，掂在手上有些分量。我们把盖子揭开，里面整齐地躺着一根根雪茄，盒底有详细的产地，只认得末尾的"古巴"。

"说不定是卡斯特罗送的呢。"我说。

"还真说不好，两人都认识。"田麒一边回答，一边小心翼翼地拿出两根，然后把盒子关好，放回原处。

"他自己从来不抽，只用来招待客人。"田麒找不到火柴，便拿了打火机过来。

"雪茄哪能这么点，你要转着圈慢慢烤。"我瞧他像点烟一样点雪茄，急忙伸出手去纠正。

"你不是不抽烟的吗，什么时候还学会了这个？"田麒问我。

"在牛津唯一学到的新东西。"我答道。

等两人的烟酒都备好了，田麒关了屋内的灯，只把后院的白灯留着，给静默无风的夜添了一盏月光。我鞋子脱去，走过绵软的草坪，把脚放进庭院的泳池，水凉得正好舒服。手里噙着雪茄，嘴里抿着茅台，忘却自己身在何处。

"闻起来香，喝起来是折磨。"田麒说。

"那一定因为你之前喝的都是假茅台，遇到真的反而不适应了。"我说。

田麒在院子里晃步，东翻西找，Kushi跟在身后嗅探。

"你在干吗？"

"这院子里有一只老乌龟。"

"乌龟？"

"对，非常非常老。总统买这房子的时候好像就在了。"他扒开齐膝的花丛和杂草。"自从竞选开始了，就不知道躲哪儿去了。它只在深夜里出来吃东西。"

这时候突然听到了脚步声，打开前门时透过来的光一路照到了后院。

总统回来了。

伊莱恩直接上了楼。总统走进厨房，转着头不知做什么好。看到我俩在后面，摇摇晃晃地走了过来。我和田麒急忙把雪茄摁灭，藏到鞋后。总统到了我身旁，我正准备站起来打招呼，被他一手按住肩膀，坐了回去。总统瞧见我光着的双脚，觉得这个主意不错，也伸手去脱鞋。一旁打着哈欠的用人赶紧过来，帮着他把鞋带解开。

"这水真凉。"总统把脚泡进泳池，向用人点点头，吩咐他再端三杯酒过来。"年轻人，来了这么多天，觉得秘鲁怎么样？"

"是个好国家。"我说。

"只是没有好政客吗？哈哈。"总统拍拍我，我也笑笑。

"我们活在一个不断缩小的世界里，不是吗？"总统接着说，"你能到这里来本身就是件难得的好事。语言、文化、意识形态这些东西都没法阻止我们的交流不是，说到底，我们都是人……"总统突然停了下来，竖起鼻子嗅了嗅："我闻到了烟味。你们俩抽烟吗？"

我和田麒立马摇了摇头。

"我父亲就是老烟民，一天三包烟。我这辈子最痛恨烟草。"总统愤愤地说，"你来之前肯定都谷歌过我，我也不用再介绍自己了。"田麒见缝插针地问了一句卡斯特罗。

"那人我见过几面，人还好，就是话太多。第一次见到他在国际会议上，这老家伙一开口就讲了六个小时。谁没事说话说六个小时？"

总统停顿一下，和我们干了那杯端来的皮斯科。他选的酒上佳，顺滑地沿着喉咙下去，比茅台入口舒服多了。

"我们当初成立政党的时候只有四个人。四个人。我那时候刚从斯坦福毕业，刚去哈佛不久，给一群美国学生教社会正义、贫穷和经济发展，但发现他们只是想越早毕业越好。我也觉得没意思，就弄了个党，回国来投身政治。

"领导反藤森的游行，直到他最后逃出秘鲁，我们大家那一天坐下来吃饭，以为从那晚开始，以后的事儿都会好起来的。

"但世事难料。可我们也不能认输，至少不能被人打趴到脚底下。"总统又和我们干了一杯。他这时候已是醉醺醺了，说起话来摇摇晃晃，我忍不住伸出手去扶他，但被一把推开。

"我们就是政治太多，领袖太少。"他执意要站起来，从泳池中抽出还滴着水的双腿，把手重重地搭在膝盖上，好像用尽了全身的气力才把自己支撑起来。他背对着后院的灯光。我这时候仰起头，觉得他和在舞台上时一样了，在镁光灯下和底下抬着头的众人大谈信仰。只不过现在，他的观众只有我，和拿着iPad的心不在焉的田麒。

"不能认输，不能认输啊。"他挥舞着胳膊，在空中比画。

"未来都在你们那里了。"说完这句话他突然停了下来，默默地低下头，颤颤巍巍地一步步向厨房走去，身后留下了一连串湿漉漉的即将蒸发的脚印。

我和田麒都沉默不语，他仰头看着夜空，不知在想些什么。泳池的水波仍在荡漾，泛起白光。

我无法把总统所有的话归为下意识的表演。他相信，或是相信过。但他也不是无辜的斗士，在泥泞的塘子翻腾，身上定是留着污垢。我心中划过一丝恐惧，恐惧自己泛滥的同情，总不断试图去达成可能的理解，不甘揪住"一个真面目"或是"一个真理"不放手。要么过于愤世嫉俗，要么又是如此的天真脆弱，很难守住固定的立场。但我为什么要一个立场呢？在今晚微醺的池边，它可能是多余之物。

老乌龟出来了。

它从深草走出来，摆着脚，缓慢沉重地走向食盆。泳池上的白光，像银色的月光，照在它生了苔藓的背上。Kushi望着这一番场景，一声不吭。田麒过去，从两侧下手，把乌龟抓起来。它的四肢在空中挥舞，像是鸟的翅膀扑腾着，椭圆的肚子发乌发黑。它被放下来，像一块坚硬的石头落地，继续朝着原先的方向前进。

我打起精神，站了起来。

"你去睡吧，我再坐一会儿。"田麒对我说。

→ 11

别忘了他是总统

出租车要撞到夕阳了。

沿坡而上,穿过优雅排列的林间别墅,追赶道路尽头挥洒的晚霞。我和司机放弃了对话,坐在一片寂静里。他的英文匮乏,字里行间塞满西班牙语,也没能助我的理解一臂之力。我大抵知道,他从美墨边境过来,认为美国很好。他说,你应该去美洲,去墨西哥。我说,我去过秘鲁。秘鲁?他拍拍鸭舌帽,一脸狐疑地从后视镜打量我。好像是我没听懂他,答非所问。

加州的落日多少让我想起利马。

它们在同一片海岸上相距七千公里。墨西哥大叔打破寂静说，你是去多少号来着？

我们在余晖里沿街数房号。一，三，五。Uno, Tres, Cinco.

人在数数的时候总是重回母语。我担心太阳落山后，就更难找到托莱多的住处了。

在那儿！那栋屋子藏在树影下，又在凹地，只露出来半截身子。屋顶如苍老的树盖，舒缓地伸展出去，把屋子罩得又平又低。

一脚油门，车在快速靠拢的夜幕里离开。下三步阶梯，我站在门口。

门那一边的地板，传来微小急促的铃铛声，越来越近。到了一门之隔的地方，突然转变成不耐烦的吠叫。门开了，Kushi一下子跳到我身上，想趴住膝盖往上使劲爬，可是无可救药地滑了下去。它急迫地在脚踝打转，嗅探。伊莱恩和我碰过脸，又轻轻地抱了一下。她向后退了一下，像是端详一幅画。

"来，让我看看你。当父亲了，是什么样子。"

"老了。"

"你在我们面前可还不至于说这话。你看Kushi还记得你。把它弄过来可费了不少的周折，现在总算是和我们团聚了。你看，它还记得你。"

她接过我手上的礼物。伊莱恩穿着贴身裤和衬衣，容颜上看不出变化。走廊的木柜上摆着铜佛像，上面缠有克丘亚的编织。

"他来了吗？"

我听到总统的声音。他从一扇门走出来。黑西裤和白衬衣，以及，一张鲜艳的围裙。他的手上滴着水，过来先是狠狠地抱我一下，然后拿额头敲敲我的额头。他一句话都没说，直到我们都咯咯地笑出声来。

"My friend, my friend（我的朋友）。"

他说了两遍。"生活过得怎么样？我听说你当父亲了？"

"是，时间不等人。"

"快，有没有照片给我们看看？"

我掏出手机。总统靠过来，手掌捧起手机仔细地看，脸上的笑容像冰山融雪，穿过皱纹的沟壑。他侧过来，瞥我一眼，像是逮到刚刚做了坏事的犯人，又像是心照不宣地赞叹什么出格的坏事。

"这么可爱。你这个走运的混蛋啊。"

他转过去对伊莱恩说，"我不知道什么时候我们的女儿才能带回来一个"。他甩甩手上的水，推我们进厨房聊天。

白色大理石的厨台，木碗装的沙拉样子精致讨巧。奶酪和苏打饼干放在板上，如同静物画，明暗确立。总统的手上有伤，使不上劲，指示我开酒。他执意给我们倒酒，伊莱恩还是一贯喝白葡萄酒，教我用希伯来语敬酒。

"我给你带的红茶和苏格兰饼干，"我抿了一口红酒，"田麒特意嘱咐我，不能送酒。"

"他跟你说的？"总统抓过我的胳膊，瞪大眼睛。"这个混蛋，什么时候轮到他来管我生活了，哈哈！"

"不过你看上去气色好多了。"我说。

他不像一年前佝偻着。气色饱满，刚才抓我的时候身手灵敏。他撕开饼干的包装，拿到嘴边，却没直接放进去，而是嘴巴翘出来接住了饼干，用舌头卷进去嚼了嚼，很快地咽下去。

"啊，好吃！我都不记得我原来多么喜欢苏格兰饼干了。"他卷起衬衣的袖口，"小子，我今天亲自下厨。"

"我从来没见过你做饭。"

"他比我有天赋，现在都靠着他了。"伊莱恩放下酒杯说。

"是，我们可雇不起厨子了。"

总统笑起来，伊莱恩没有笑。总统的笑就到一半停住了。他的目光扫向地板，声音垂下去，仿佛说了句什么极度窘迫却才意识到寓意的话。

"我们今天吃什么?"我问。

"沙拉是藜麦拌的,主食是三文鱼。两种食材相隔几千米,是不是很神奇?我小时候,如果父亲没从山上搬下来,到海边打鱼为生,我估计现在还营养不良,没什么受教育的可能了。"总统说。

"对了,我们还邀请了周围住的一些中国人,待会儿来吃饭。我们叫你早点过来,这样我们先能谈一会儿。"

"这附近有中国人?"

"我们刚来的时候,以为到了新的中国城。"

总统洗过手,用厨房布擦干,端起酒杯,又和我碰了碰头,引我们到书房。

"你看过我这本书的中文版了?"总统拿起他书架上的一叠书翻开。

"是,你忘了上次我们还送给联合国的人了。"

"哦,对对对。我都忘了,上次和你见是在北京。"

我们穿过客厅,谈起田麒犹而未决的婚事。总统站在厨房的落地窗前,映出他的影子,看上去有两个他肩并肩站在一起。他一手端着酒杯,一手举起来,在空气中往下切。每切下去配合着重音的下落,摇摆的嘴唇。我没留意他的观点,全集中注意在他和政治讲演时如出一辙的手势上。他的容色变得冷冽严肃，像是秋风中耸立的崖石，露出不得动摇的苍凉。

门铃声，中国客人到了。他们欣快地越过门厅，递来见面礼的酒水，简要做过介绍。年轻干练的女人是唯一见过总统夫妇的，做大家的翻译。他们皆是首代移民，积累了足够家产，或是在加州继续跨国生意，说起话来口气也很大。他们好奇又拘谨地注视着总统，希望在他身上看出一些权力的影子和卓越的经历，又四周打量了一下屋内的摆设，频频点头。

伊莱恩引大家到了餐厅就座，我和总统对坐在桌子的两头。伊莱恩说，我坐你的旁边。总统站起来，给在座的每一位倒上酒，回到自己的座位，举起杯子，说："我欢迎你们今天的到来。我对面的这位朋友，是当时去秘鲁住在我家的，他今天也在加州。世界多小，我们又重聚了。欢迎！"

大家举杯。总统对我眨了一下眼，伊莱恩眯起眼笑，Kushi跑到我的桌脚，痴痴地望着盘中鱼。伊莱恩抱它上膝盖，给予它观察参与的视角。Kushi圆滑黑亮的眼珠扫过在座的客人，转过来望向我。突然之间，我好像从老熟人变成了陌生人。深邃的黑色像要刺穿我的动机。我莫名地心虚起来，端起酒杯匆忙地喝上第二口，余光发觉它的端详还在。

"这个总统呢,现在碰到些麻烦,就住在了加州。"年轻女子在夹沙拉的间隙,用中文为来宾填补背景知识。大家似懂非懂地点头,又偷看正在咀嚼的总统。总统挑起在任期间去中国访问的事迹,他说一句,女人翻译一句,大家边吃边听,等到说完了,大家面面相觑,不知怎么回应。

"欢迎你有时间再去!"一位太太打破了僵局。

大家零星地聊了聊中美关系,说到自己生意牵扯的影响,又说谁家的房子更大一些,花园更好,下次聚会的时候应该轮庄。

"我们活在一个不断缩小再缩小的世界里,"总统说,"你能到这里来是多么难得的好事。什么都没法阻止我们的交流。"他顿了顿,思考下一句。

"我想问的是自由。难道我们现在不都渴望更多的开放和自由吗?我们再不回去……"

他的话戛然而止,站起来给每一个人添酒,坐回去,弯背向后一仰,整个身子瘫在椅子里,只剩双手搭在扶手上。他默默地凝视一桌子的残羹冷炙,像是盯着一场败相无法挽回的棋局。炭火烧到了最后,跳跃隐现的微弱光芒,就快要在他的眼中熄灭了。

"你还好吗,papa?"伊莱恩问。

总统没有回答。他茫然不知地望向我们。停顿了一阵，再次举起酒杯。

"欢迎你们今天的到来！我们活在一个小小、小小的世界里。下次再见。"

他干了杯中的酒，把空瓶子放回到酒柜上。大家起身开始帮忙收碗碟。伊莱恩过来拍了一下我肩膀上的灰。

"你看上去很累。"

"时差的缘故，我二十多个小时没睡觉了。"

"等他们走了，我们仨再聊一会儿。"

总统绕过桌子，到了我跟前，碰碰头，在耳边嘘声说："你留下，我们可以再喝一会儿"。

伊莱恩把客人送出门，回到客厅，露出久违的微笑。总统又让我开了一瓶酒。我不知是困是醉，或两者兼有，头昏脑涨。我费力地集中注意，听他说话。可那嗓音越走越远，像一阵虚渺的烟，飘至捕捉不到的远方。

我的眼珠也蒙上烟雾，越来越近，浓密得视觉不清。我一定是失神或是合上了眼，意识里像是触到了警报，猛地一下打起精神，把头撑起来。总统发现了吗？他的话没有间断，话题好像没有变化。他突然问我在斯坦福见谁。听到名字后得意地笑起来，说上次还送他书来着。

我陷入一段自认是漫长的思考中。时间不过一两分钟。可我又困又烦，片刻的想法变成一条在两端被无限拉长的细丝，这些细节又胡搅蛮缠地盘在一起，不分主次。我想他们没有提，我或许不该问。但要是我不提，就好像是刻意回避。当这种刻意的回避变得显而易见，就不再是体贴和顾全面子，而成了自作聪明的羞辱，得体的冷漠。

"国内的情况怎么样了？"我问。

总统好像长舒了一口气，只是没有真正做出动作。他微低下头，直直地盯着我，一言不发。脸上的笑容全部消失。但因为那种消失，我反而觉得很轻松，没有必要再去营造往事如烟的氛围。伊莱恩说，想必你看到藤森大赦的法令被判无效了，这当然是好消息。总体的局势并没有什么缓解，新的政府把我们都当作要切割的过去。

"刚有新闻出来说，加西亚在逮捕他的人去之前，朝自己脑袋上开了一枪。"[1]

"谁知道是真是假。加西亚自导自演也有可能。我们还是等等看吧。"

---

[1] 阿兰·加西亚是托莱多的长期政敌，与托莱多同涉奥德布雷希特腐败丑闻，2019年4月调查期间于家中饮弹自尽。

"我不知道。我不知道……现在他们想做什么。"总统说。

他的电话响了,举起手和我们示意,没有离桌,直接拿起电话。消息已经不再有好坏之分,他们的境遇不会因为头条新闻变好变糟,他们的案子不再是政治筹码,变得无关紧要。被遗忘是最骇人的政治悲剧,因为它失去了被写入悲剧的可能。

我希望他们能看到这是普通人最高的幸事:被政治遗忘。

"我们的律师还在努力,"伊莱恩对我说,"看法院的判决。主要是我们国内的房产怎么处理。"她环顾了四周。"我们不可能永远这样下去。"她压低了语气。"我们连继续下去的租金都快没了。"

总统自始至终没有离开餐桌,他平静地讲电话,一边听我和伊莱恩的交谈。他挂了电话,把手机放在桌上,像是工作了半个世纪的播音员在最后一次广播里结语:"是真的。阿兰怕是活不了了。"

他问我住在哪里。我知道我该起身了。"租住的地方,"我说,"离学校不远。"

"你应该住我这里,"总统说,"下次来就知道了,我们这里总有你的地方。虽然比不上在利马的时候了,哈哈!"

他恢复了笑容，拍拍我的肩膀。我走过客厅，看到客厅里快占去一面墙的肖像油画。那是总统。披着克丘亚的传统服饰，彩色的羽毛冠，颜色壮烈鲜艳。浸在耀眼的荣光里。

"我从来没有见过这幅画。"我说。

"对，之前都是在我的办公室。我们到这里了，才托那边人寄过来。"伊莱恩说。

总统问我怎么走，我说还是和来的时候一样，打Uber吧。他迎上前，搭上肩膀，思忖了一下说："不用着急，你还是坐下来等一会儿。我们有信任的人。他会把你送回去的。我们很信任他"。

他拨打电话。我顿悟般清醒过来。从进门到现在，第一次感到，我是在流亡的总统家中吃饭。我们有信任的人。我们有信任的人。这句话在我脑海里翻来覆去。

不大一会儿，车光穿林入室，到了告别的时候。

我和总统碰碰头，与伊莱恩拥抱，蹲下来摸摸看上去困惑的Kushi：你要好好陪着papa，mama，我说。总统说，我不便去门口了。他站在微暗的走廊向我点点头。伊莱恩陪我到门口说，希望我们很快再见面。

司机是秘鲁人，加利福尼亚口音。健谈，把自家上下的移民史介绍了一通，又问了中国，唯独没有打探我和总统是怎么认识的。

于是我问了他。

"托莱多？我们在一起踢球。"

"他还踢球？"

"偶尔。我们是老人团。"

他看上去年纪不大。

"你猜猜我多大？"他问。

这样的问题可是棘手。自信自己长相年轻的人才如此问。不能往大里说，往年轻的方向也要把握分寸。就怕是和真实年龄相近，败了他的兴。

"四十五？"

"我已经快六十了。"

"什么？"真看不出来，他长着最多五十岁的模样。

"看，我孙子孙女的照片。"

他从前排递过来手机。比我的孩子稍大，灿烂的笑容，全家相聚加州的合影。我想起总统和伊莱恩凑过来看手机的时候。

离住的地方还有两条街，我说到了，谢谢您，祝你们全家安康。

车走了，街区暗得厉害。没什么灯，只有从两边的房子里透出来的光。旧金山的夜，我莫名其妙地感到冷。漫无目的地走，不想回到住处。心上也变得空荡荡，清冷，徒剩感伤的废墟。像是一场洪水退去的午夜。我在裸露的沙滩上，捡到枯枝败叶，残贝断壳。这究竟不是你家遭的洪水，可我却像是无家可归了一般。我的眼眶湿起来，鼻子也酸，竟不自觉地掉起眼泪。泪始终没有变得剧烈，也一直没有停止。

街上出现一家酒吧，叫哈瓦那或是什么，有乐声。我走进去，眼镜蒙上白雾，取下来，模糊地穿过大堂，掀起门帘，到了内室。两三把椅子，小烛台，台上是一群白胡子的老爷爵士团。领头唱歌的人是唯一的女性，一头银发，整齐晶亮，开口声音清婉空灵。我旁边的年轻女孩，脚底下放着肩包。每完一首，她会对乐团中的萨克斯手打招呼。猜想对方是她的父亲或叔叔。

我的身子随音乐暖起来，伸直身体，眼镜也可以再戴起来。我清醒了，泪水干了，也不觉时差的疲惫。他们奏完最后一曲，指挥收起乐谱架，说，就到这里了。各位，我们希望下次还能全员演出。女孩站起来，热烈地鼓掌，冲上台，抱了抱她的亲人，拎过萨克斯。

我重新回到街上。[1]

---

[1] 数月后，美国法院逮捕托莱多，单独关押在离旧金山六十公里的监狱。伊莱恩发来信息，要我帮忙联系日麒。法院一开始拒绝了保释的申请，伊莱恩在法庭上情绪失控，破口大骂，被强制拽出法庭。一个月后，法官以心理健康恶化为由，批准了保释。斯坦福的故知教授们凑齐了100万美元的保释金额。

→ 12

胜负

投票的这一天早上,我去田麒的房里,他正在看美剧。前一晚的半根雪茄,还放在他的床头。

"酒醒了?"田麒问。

"嗯,头还有点晕。"我打开水龙头,拿凉水冲脸。

下楼时,我们碰到了用人,笑呵呵地歪过头,双手摆在脸下,示意总统还在呼呼大睡。

但他的清梦没有持续多久,屋内外满满的都是人,正手忙脚乱地准备着盛大的早餐宴。这是秘鲁选举日的仪式,每个总统候选人家中摆上一桌宴席,在电视上直播给全国的观众。

我和田麒躲开了这个场合，怕被媒体解读成总统串通的外国势力的例证。我们在厨房，观看电视上对几米之外车库早饭的直播。总统家准备的宴席中规中矩，略显西式；藤森惠子家是当地特色，宏大细致；左派青年门多萨的早饭则是一派生活气息，小孩子穿梭席间。总统在电视里的采访信号出了问题，话没讲完就被掐断，他随意吃了几口便停下了，和往常一样没什么胃口。

直播结束后，我和田麒本来准备去宴席上风卷残云，结果到了一看，只剩下几块冷面包。正好摄影的胡安他们也没吃，我们一拍即合决定到城里找肉去。胡安带着我们左拐右拐，到了一个市井气息浓厚的街区。四周都是一两层的平顶房，墙面倒是五颜六色，缤纷鲜艳。街头的一家店外排着队，胡安指指它说，就是这家。

墙上贴着粉红色猪的卡通形象，这家店是做油炸猪皮（Chicharrón）的，门口摆着三个大锅，大块的猪肉先是咸水中煮，然后捞出直接进入油锅，炸熟后配上洋葱和面包。

胡安是这里的常客，和老板娘打过招呼，说我们五个人，来个四人的套餐足够。身宽体胖的他都这么说了，我们自然应允。肉端了上来，还热腾腾地冒着白气，老板娘拿来咖啡："这可是正经咖啡，不是冲泡出来的次货！"她撂下这句话就走了。

"开动吧。"胡安露出他标志性的微笑。我拿起一片猪肉，夹入面包，迫不及待地狼吞虎咽。猪皮炸得正脆，撒上带柠檬汁的洋葱也就不觉得腻，人不自觉地开心起来。

"真他妈的！"田麒和我不约而同地感慨。

胡安听到非常开心地说："你们现在都是秘鲁人了。"

"知道秘鲁菜的魅力在哪儿吗？"田麒说，"你不需要任何知识就能欣赏它。不像他妈的法餐，你还要学怎么欣赏，怎么用刀叉。这里多么简单，就在你面前，张口就可以体会到高潮。"

我倒是希望这里的一切都能和秘鲁菜一样。

过了没多久，我们四人偃旗息鼓，唯有胡安还在继续战斗。我和田麒要提前告辞，因为我们要乘今晚的飞机离开利马。几天前还在忙选举的时候，田麒边修图，边对我说："等这一切都结束了，我们出去走走。"

我当然愿意："好呀，能做回游客也不错。什么时候走？"

"就投票的那天。我一天也不想多待了。"

于是我们当场便订下当天去库斯科的航班。库斯科是印加帝国的古都，前往马丘比丘的落脚点，世界游客的集散地。

回家的时候戴维也在，问我们下午陪不陪总统去投票。我们说不去了。

"怎么能不去呢？Qi，你在这里这么久，应该有这个露脸的机会啊。"

田麒斩钉截铁地摇摇头。戴维见罢，不再坚持劝说了。我们回屋去收拾行李，自打来了以后便再未翻开的略萨自传，我还是带上了。田麒收东西比我还快，相机包是随时待命的，再卷上几件堆在墙角的衣服，就算是万事俱备了。

路上仍是往常的拥堵。来了利马这么多天都是阳光炽烈，唯独今天阴沉沉的。车流在一个路口前停了下来，不知道是红灯还是彻底的堵塞，路边的小贩一窝蜂地涌上来，顺着车一个个地叫卖。大选的日子，连卖的东西都出乎意料，平常多是些薄荷糖或饮料，今日第一个上来是地图，后面跟着卖马桶坐垫的。一位皮肤黝黑的男人，戴着鸭舌帽，两手灵巧地夹着大大小小的地球仪。当然，更少不了兜售略萨小说的。

"我国的莫言也没有这等待遇啊。"我感叹说。

"人家一个小国好不容易熬出来一个诺贝尔，你多理解理解。"田麒边对小贩摆手,边对我说。

"你说得对,理解万岁。那我们怎么还在今天落荒而逃呢?"我调侃地说。

田麒无奈地看了我一眼:"正因为我们理解了啊。跑路的又不止我们一个,总统今晚的飞机去巴黎。"

"陪伊莱恩回娘家了?"

"去开会。你能想象如果今天投完票,晚上坐飞机发现托莱多在邻座的心情吗?"田麒边说边不由自主地笑起来,"真是一言难尽。"

一个小时前,在我们离家之前,正好总统也准备出门去投票点。他戴着眼镜,穿白衬衣和黑西裤,头发一如既往地整齐,向我们眨眨眼。

"想好投谁了么?"田麒和他打趣。

"还没想好。等在路上的时候再想想。"总统一本正经地说,然后同我们哈哈大笑。

"你看总统今天一下子轻松了不少。"车流又开始动了,小贩们立刻撤出了公路,田麒重新打火,朝着机场的方向开去。

安检的时候,我才反应过来我俩真没什么东西。电脑也没带,我们就背着两个小包前往安第斯山脉了。我们对所有的新闻都失去了兴趣,只想和政治的世界好好隔绝一段时间。终究还是免不了中国有志青年历朝历代的套路，儒家那一套失意后立刻就成了道家。

但是我俩在咖啡店的电视面前停住了。里面正直播总统候选人在投票点的现场。我不免强烈地怀疑现实，因为这一刻太像小说或是电影里特意安排的场景。我甚至回过头扫了一眼，看看导演，或是被有些人称为"上天"的那位，是否正坐在角落里偷笑。魔幻现实主义，或是超现实主义，都失去了它们的精妙，这里只有赤身的现实，包含了一切荒谬、讽刺、不可知和困惑矛盾，如今看来都是一股子无可阻挡的自然。

总统走到投票点的注册处，向工作人员出示身份证，领了投票表。在遮起来的台子上，他沙沙地写下自己的选择，比需要的时间更长一些。写完之后，他刚准备向记者举起他的选票留影，不料被工作人员提醒说，要把选票叠好。折起自己的选票，他再一次，缓缓地走到投票盒的面前，举起手。

相机的快门密集地响起，盖过了现场其他所有的声音。总统手中的那一票，沿着盒顶的缝隙，静默无声地滑下，就好像我们第一次见面的时候，总统手中的那一张用来向我说明国家命运的白纸，在放手的时候从空中坠下，把剩余的轨迹交给不可名状的风向。

我们站在人头攒动的咖啡厅里一动不动地盯着电视，已然成为店员和过往旅客的风景。

在左右记者和随从的包围下，总统和伊莱恩挤出投票点，沿着楼梯往下走。努力保持在总统身边的是我们可爱的戴维，还穿着一成不变的西服外套，配上了一条醒目的红围巾。他像是临时添加的保镖，右手向前扒开道路，左手绕到总统的身后作为护栏，确保没人能靠近。

这些天，我太多时候跟在总统的背后，记忆充足到可以撑起想象。我能想象到，如果今日前往，我们此时一定已被挤到人群的后面，遥遥地望着总统的身影，他鬓角延伸到脑后的一缕缕白发，他在拥挤中愈加佝偻和下沉的肩膀。他身边的伊莱恩，红发燃烧起来，贴近总统，比生活中的任何一个时候都要更近。他的身后站着秘书，正在嘈杂的人群中试图接通司机的电话。竞选经理慢腾腾地磨着步子，庆幸这一切的结束，而又隐约地开始担心自己今后的前途。党内的要员们心情复杂地看着电视直播，心想去美国的假期是否安排妥当了。总统的四周围着一圈人，他们的四周又是一圈人，直到这些人的面孔逐渐模糊，直到看不清。然而，如果从天空向下俯视，或是从深处的地下往上仰看，一定会觉得我和总统以及这里的每个人都是一样，一个个黑点，不可区分地交融在一起。

你瞧，人总是不自觉地往宗教和神灵那里寻找一种置身在外的视角。想到这里，我的目光又收回来了，平行地落在了总统的肩头，就像我后面的人目光落在我的肩头，就像秘鲁永恒持久不散的阳光。我们平视着彼此，好像我们从来没有过不一样。

飞机滑出跑道，利马到了脚下。一条条纵横交错的道路最终变得不可辨别，一同隐匿在白云之下。总统应该已回到了家中，取出准备好的行李。戴维和他道别，说完自己的诺言，然后回到市里那家古典豪华的酒店，享受在祖国的最后一晚。

在投票结束的这一天夜晚，正像智慧的胡妮塔预言的一样，所有人都已离去。

只是和之前的想法不同，我此刻觉得，离去无所谓逃避，只是另一种继续。落地库斯科的时候，太阳刚要下山，整座城市在一片温煦的暮光中，美丽得让人喘不过气。当然，地处高原之上的坐标，更加深了这份喘不过气的魅力。

我们坐在中心广场南边的二楼露台，放松地望着夕阳的残影，一步步从老教堂和石板路上消退。里屋聚集着关注大选的当地人，各地的票数正在实时滚动更新。本在打扫台阶的阿姨，这时候站在楼梯的拐角，手上攥着拖把,探出头来盯着电视的滚动报道,丝毫没有注意到正观察她的两位中国游客。而这一切的喧嚣已远离我们。田麒收起相机,戴上墨镜,身子往后一靠,想要再多蹭些暮光。

我不争气地犯了高原反应,头痛得厉害,全凭酒店提供的古柯茶消缓。我在床上昏昏沉沉地翻开略萨的自传,庭院里不绝地飘来美国游客高亢兴奋的口音,仿佛渐渐盛满了整栋建筑,马上要溢出来。

那本摊开的书页上,静静地描述着略萨败选后的出走。他也选择了欧洲作为避风港:

> 我们在1990年的6月13日早晨赴欧。当飞机离开地面,利马的密云立刻遮蔽了整座城市,我们被笼罩在一片纯粹的蓝天之中。我突然想到,这恰如1958年(去欧洲学习)的那场离别,标志着一段人生的结束和另一段的开始。文学又回到我的中心。[1]

不知何时,旅店的木门咯吱一声开了。我推门出去,晚间的空气沁人心脾地清凉,比起白天,似乎又

---

[1] Vargas Llosa, Mario, and Helen R. Lane. 2011. *A Fish in the Water: A Memoir*. New York: Picador. P972.

稀薄了一些。我穿过小巷和石墙，穿过人声渐息的广场。小贩们正收起摊点，妇人熬着热腾腾的鸡汤，在烤牛心的架子旁边，为往来停驻的路人递上安第斯夜晚的温情。

我继续往前走，从平路又走到了坡上。灯火稀薄，渐渐转入一片漆黑，可我的脚步仍然没停下。站在山顶的时候，我转身四望，没了房屋或是石子路，只有森森的树影。对面的山头有一处微微的火光，在夜里无比显眼。我鼓足一口气，朝着那处火光走去。火光察觉到了我，突然飘忽起来，我便加快了脚步，直至奔跑起来，也不知疲惫。

好不容易到了跟前，只见火堆前默默地坐着一个人，正拿长木棍拨火。那人头戴一顶印加羽毛冠，在火光的映照下更是鲜艳。他听到我，并没转头，只是说："过来坐吧，年轻人"。

我在他身边坐下，待他侧过脸，不免惊讶地叫出来："总统，你怎么在这儿？"

总统的表情倒没有变化，脸上仍然是一道道的印痕，成就了深刻的阴影。

"难道你不知道我是在马丘比丘举行的总统加冕仪式？这是我的家啊。"他说。

这时候身后走来一人，抱着一捆木柴，往火里一扔，便也坐下来。我一瞧，这是作家略萨。

"您好，我正在读你的自传呢。"我有些语无伦次。

"哦，是吗？"他扬了扬眉毛。

林中传来马达声，一辆拖拉机缓缓地开了出来，上面坐着一位戴着眼镜、文质彬彬的亚洲人。那不正是当年藤森跑到乡下拉票的拖拉机嘛！藤森从拖拉机上下来，摘了鸭舌帽，坐在火堆边。

四面八方传来络绎不绝的脚步声，在安第斯山闹革命的古斯曼，伸出手同我们打招呼，上衣印着马克思的头像。还有把略萨小说在广场上付之一炬的将军，顶着被略萨打青的眼眶的马尔克斯，解放秘鲁的圣马丁——这片土地上世世代代活过的人，都徐徐地从林中走出，围着篝火盘腿坐下。他们欢声笑语，像是许久未见的朋友在一起叙旧。

只有我惊讶得说不出话来，悄悄地捅了一下旁边的总统，问道："你们怎么还能坐在一起呢？"

大家一下子安静了，转过头来看着我，哄然齐声大笑。藤森以蹩脚的中文同我讲："还问这个问题。看来，你还不知道自己在哪儿呢。"

听到这里，我便醒来，身体还在那张燥热的床上喘气。只是第二天早上的太阳，正从远处的山脉爬上来，显得异常地刺眼和强烈。[1]

---

[1] 我们登上去马丘比丘的火车前,选举的结果出现在手机的推送上。托莱多得票20万张(1.3%的全国选票),名列第八,无缘第二轮的投票。第一轮选举中,藤森惠子获得39.8%的选票,库琴斯基获得21.0%的选票,两人进入第二轮投票,最终,库琴斯基以50.1%得票的微弱优势当选。

→ 13

最后的革命与贵族

在阿亚库乔找到一位英文向导并非易事。这座殖民时代的重镇隐匿在安第斯山脉之中,十七年前才和外界通上水泥路。说服我坐上十六个小时巴士、翻越五百多公里山路的,并非是它身上那股固执的传统气息。作为革命"光辉道路"的发源地,阿亚库乔和我这个远渡重洋的异乡人之间,有一条不切实的精神脐带。

每一座西班牙的殖民城镇,都能在中心找到一片"武器广场"(Plaza de Armas)。和走过的秘鲁城市不一样，阿亚库乔的武器广场上，没了兜售纪念品的小贩或是牵着羊驼找外国佬照相的妇女。情侣、工作者和散步的老人穿过广场，还原了一个小城日常的生活图景。

然而这种渴求的"当地感"却给出行带来了不小的麻烦。中介多是主打自然风光和印加遗址，没有会说英语的向导。当听到"要去当年政治冲突之地"的要求时，他们立马摆了摆手。日落之前，我们窜进了当地大学的语言系。那是一栋殖民建筑改成的二层庭院，楼上为数不多的亮着灯的教室中，传来跟着播音重复的朗读声。前台的姑娘不会英语，也没有弄懂我们的来意。她示意我们等一会儿，出门去找人了。

门外排着队的是想报名夜班的好学者们，我们只能以笑容交流。办公室内摆着两把椅子，等了半天，腿肚子疲惫起来时，我挑了其中看似牢固的一把坐下来。屁股刚和椅子咬上，一个戴着鸭舌帽的影子出现在门口的地板上。抬起头，是高个子和白皮肤。我不由得判定他是教英语的外国人。

"听说你们在找会英语的向导？"得到肯定的答案后，他接着问："你们想去哪儿？"

瞧他这么直接坦诚的样子，我便挑明说："我们不是来看景点的，过来是想了解'内部冲突'那段历史。"

"这样啊。这里学生的英语都不好,帮不了你们。我能带你们走走。"

我们其实也没选择的余地。"那好,明天上午十点见。"他痛快地替我们决定了。

就这样,我们有了一位来之不易的英语向导。和猜想的不同,阿拉贡不是一个外国佬,他家世代是阿亚库乔人。第二天的早饭后,我和田麒讨论阿拉贡什么时候会到。田麒早习惯了秘鲁时间,抱着至少半个小时延迟的估计,要回屋躺着等。

"我怎么有种感觉,他会准时到呢。"我说。

阿拉贡提前到了。"我找了个车,五分钟内到。"他戴着昨天的红色鸭舌帽。打开车门,坐在驾驶座上的仍是一位白人,这成了我们几日以来见到的白人面孔的峰值。

司机不会说英语,稻草色的圆帽檐上别着一朵白羽毛。阿拉贡带我们去的第一个地方是"光辉道路"起义攻占的监狱。在这场革命游击队和政府公开对抗的冲突中,十六人丧生,二百五十五个囚犯逃逸。伊迪丝·拉各斯(Edith Lagos)是带头冲进监狱的女游击队员。这一年,她刚十九岁。同年,伊迪丝被政府军逮捕并处死。当局宣布她的葬礼是非法集会,阿亚库乔却是万人空巷，人群像潮水一样涌向墓地。

在这场断断续续二十年的革命中，留下姓名是件幸运的事。车开到市郊，阿拉贡指了指路边的山谷：

"我们当地人管这儿叫'小地狱'（Little Hell），当时政府军抓到的人被拷打之后，死人从这里被扔下去。要找失踪的亲人，家人都是到这里来，赶在野兽把尸体吃掉之前。"

"所以这也是革命烈士牺牲的地方？"

"哪是什么革命者，葬身这里的人，多是无辜的百姓，只不过是被怀疑和革命有关。游击队和政府军打完之后，非死即逃，哪能抓得到人呢。"

这场吞食了七万多人的革命是由一个知识分子掀起的。阿维马埃尔·古斯曼曾是阿亚库乔大学的哲学教授。1965年，他回到秘鲁领导"光辉道路"，从校内的激进团体到全国性的游击武装，"光辉道路"并没有实践共产主义的社会改造。相反，对着政府军的枪口很快转向不认同他们意识形态的异见者。偏远地区的农民被夹在了政府和游击队之间，成了两者都怀疑和杀害的对象。

六七十年代是左派思潮流行的年代，阿拉贡也承认，当年真心觉得这就是光明未来的可能。但"光辉道路"的恐怖让他们一帮年轻人疏远了革命思想。当我们问到革命和土地的关系时,阿拉贡笑了笑,"我们的土地,早在之前都被收走了"。

阿拉贡口中的"我们",指的是当地的士绅阶层,是西班牙殖民时期大庄园经济的产物。那些占有大量土地的殖民者后裔,过去是拉丁美洲不折不扣的"贵族",在一轮轮的土地改革中失去了本身的经济和社会地位。开车的乔治也是贵族的后代,按阿拉贡的说法,现在他们一个成了教书匠,一个成了老司机,穷得叮当响。

"你看,我现在出门都不戴帽子了,就这个棒球帽凑合着。乔治还戴帽子呢。"

"我戴是因为没了头发,"乔治摘下帽子向我们示意,"所以要遮遮。"

我们一同吃中饭的地方,离古斯曼的故居不远。那是一条被遗弃的街道,古斯曼聚起左派沙龙的小楼年久失修,配上个荒芜的院子。旁边的房子被拆有些时候了,碎瓦颓垣躺在厚厚的灰尘中。路过的醉汉,在大白天东倒西歪地到了破墙边,解开皮带,正在舒坦地释放自我。阿拉贡的脚步更快了。

革命并不那么让阿拉贡着迷,他对传统更感兴趣。传统和他没落的那个家族有着几个世纪的联系。但也不完全如此。阿拉贡说着一口流利的克丘亚语

（安第斯的印第安人语言），也是少数几个真正研究这门语言的当地人。他希望这门语言能和其他传统一起保留下来，借以抵御那些做着毒品或是采矿生意暴富的新贵们。殖民者的后代成了印第安文化的守护人，历史在个人身上有一种超乎逻辑的演变。

"如果你们愿意，明天我带你们去见两个人，一个幸存的贵族，一个革命的幸存者。"阿拉贡提议说。

为了防止高原反应引发昏昏沉沉的困乏，第二天早上我灌下大杯咖啡，外加古柯茶。阿拉贡换上了一顶绅士帽，边缘已经磨得光亮。穿过教堂前面的街道，他敲着一扇数米高的大木门。

"不知道他在不在。说不定去了利马。"阿拉贡刚说完这话，大门中的那扇供人进出的小木门吱吱地开了一条缝。门后人的个子不高，白发像一团枯草卷在头顶，眼眶深深陷进去，双眼通红，让人不寒而栗。他看到阿拉贡，说是你呀，很久不见了，便迎我们进门。我这才发现他身后那条大狼狗，本是叫人害怕的东西，比起主人倒是亲切友好。

大院子是一根根的石柱撑起来的，正在翻修之中。主人说，这还要两年才能完工，指不定以后会成为一家酒店。二楼每个房间内的东西都不下两百年的历史。老教堂抢救回来的油画堆在角落，拐杖和镌刻着拉丁文的长剑并排在一起，主人展示着一台手动摇杆的留声机，音乐响起来的时候时间也开始背着手向后走。主人情不自禁地拿出十九岁那年父亲送他的第一件斗牛士服，披上外套，坐在乱糟糟的床上同我们闲聊。除了床，所有的地方都积着灰尘。

斗牛士的家族世代出产安第斯最好的马匹，西班牙人从欧洲带来的这个物种帮助他们征服了这个大陆。天台的房间里收藏着马鞍，临近的屋里则堆满了越南制的藤椅。在吧台的梦露画像旁边，斗牛士翻开了扣在桌上的四个杯子。盛入杯中的却不是酒，而是当地的软饮印加可乐，金黄色的液体像是西班牙人苦求的黄金融化在了玻璃里。我们问斗牛士现在还骑马吗。

"骑，在梦里。"斗牛士又点上了一根烟。

"你看他现在只剩烟和酒了。"阿拉贡说道。

斗牛士的咳嗽不止，他扬起的眉尖伴着咳嗽声上下剧烈地起伏。阿拉贡和他交换了对彼此健康的担忧。走出门，阿拉贡就对我们说，不知这老家伙还能撑多久。

"年轻的时候太霸道了，生起气来像一头公牛。你看老了都没人来找他。"贵族圈内的熟人担心斗牛士的身后事，虽然大家受不了他的脾气，但都知道他是这个文化最后的守护人。

"老东西保留得最多的就是他了。其他的家族移民去美国或欧洲，家产早就卖光了。"

"他的子女继承人呢？"

"这就是故事最忧伤的地方了——他没有子嗣。"

"一个也没有？"

"没有。最近的继承人应该是外甥。谁知道他是会变卖这个大院，还是把东西都一并扔了呢。"

"斗牛士没结婚吗？"

"结过。几十年前的事了。一天清晨，他妻子的心脏上有了一颗子弹。至今也不知道是谁干的，有人说是斗牛士。"我想起了斗牛士给我们展示的左轮手枪，他熟练地上膛，把手枪在指尖转了一圈。

"我们接下来去见诗人。"诗人是革命的幸存者，他和贵族阶层合不来，自认是无产阶级，若是和斗牛士坐在一起，指不定会爆发什么激烈的冲突。阿拉贡带我们到了一家不大的酒馆，工作日的上午坐满了喝酒寻欢的人。诗人进来的时候我们没注意到他：一头鬈发压在皮帽下，干瘦的身子，像是街头流浪汉。

他坐下来同我们喝酒，说起话来让人着迷。诗人出生在利马市郊，大学在阿亚库乔，其间绘画、足球、拳击，是个受欢迎的人物。他成了学生领袖，组织沙龙和集会，从来没和共产主义革命扯上边儿——但左派的政治立场引起了当局的怀疑。

"先开始是搜查。回到寓所的时候经常是乱糟糟的一片。但他们没发现任何共产主义的宣传资料,只有安全套和脏衣服。"诗人说到这的时候不禁得意地大笑。

"后来我被抓去了,在警察局被来来回回拷打了七次。他们以为我已经死了吧,一天晚上把我扔进了'小地狱'。醒来的时候是凌晨四五点的样子,我的身边是二十多具朋友的尸体。我全身赤裸,只好从死人身上扒下衣服,一点点从峡谷中爬了出来。"

那个一心成为画家的学生领袖和他的同伴彻底葬身在了谷底 —— 因为长时间的拷打,他的眼睛近乎瞎了,无法继续绘画,便开始写诗。阿亚库乔的当代诗人自此从死人堆里诞生了。诗人不相信命运,在利马躲藏了五年后,他又回来了,站在了朋友为他立的墓碑面前。人们说,恶灵是杀不死的 —— 尤其是在阿亚库乔,这个地名在当地克丘亚语里的意思是"死人的角落"。

"我回来了。"诗人再次得意地说。知道了他的经历后,似乎每一句话都托着生死的沉重和轻浮,只是他自己,讲起来的时候却像是在说别人的故事,风轻云淡地带过。我们问诗人经历了这么多,反过来对革命怎么想。

"我同意毛的哲学，但不同意他的政治。"诗人回答。

"但当代已经没有革命了，哲学也没有。"阿拉贡插话进来，他拿起桌上的手机，"这东西和全球化毁掉了一切革命的可能。"通讯工具的普及取代了政治权威的必要，农民们只需一个电话就能和利马的供应商确定今年的产量和价格。普通人不再以机构作为他们的代理，无论是当局或革命似乎都失去了存在价值。当农民都买了汽车，过上中产的生活，推翻或是不推翻，政治或是不政治，理应变得异常遥远。

诗人和阿拉贡没有怀念革命的意思，但他们言语之间渗出的怀旧又是什么呢？如果没有全球化，我和田麒恐怕也不会到这里，听着没落的贵族和重生的诗人讲故事。在阿拉贡没怎么提前安排的造访中，他无意间让我们看到了这个时代的全球化正在同时告别的东西：贵族与革命。这一对相生相杀的概念如今却在一起消亡，与它们相关的激情、热血和尊严，成了历史的叙事，在当下的现实中带着强烈的不实色彩——无论是可以成为一尊雕像的斗牛士，还是和马尔克斯笔下事迹惊人重叠的诗人。

这种不实感围绕着我，也围绕着我们周围的人。

坐在旁边的大学老师中有一位是古巴人，他死活不相信我是牛津大学的学生，拿着我的学生卡反复研究——他不明白我来这个穷乡僻壤的目的。这个时代也告别了理念。我们的行为不再能被模糊不清的理念解释，它一定得符合理性的逻辑。就像我们对阿拉贡的猜测：他带我们一程也不会是出于讲故事的冲动。他要捡起英语这门技能，这是当年为了留学美国准备的，不知最终为何没能成行。他的姐姐，和不少当地人士一样，早就移民美国了。所以，这可能是未来美国之行的准备，或是他口中"多赚些钱"的方式之一。

正当我们犹豫要如何开口讨论报酬的时候，阿拉贡却率先和我们告别了。

"我所知道的故事就此讲完了。在阿亚库乔，所有的人都已离去，留下的一切等待死亡。"

他说自己不是写作的料，但随口的感叹竟和流淌的诗歌一样。我们在倾斜的街道上分走两头，他背起手朝上去，我们往下面的闹市走。强烈的阳光从街道的顶端照下来，阿拉贡成了一个模糊的黑影，随着他一步步向上接近太阳，影子也越来越小，最终融为一个突然消失不见的黑点，就像它从未出现过一样。我想他是听不见道别了。

→ 尾声

后现场

从秘鲁回来的三个月后,我结了婚,田麒来做兼职摄影,我把他介绍给拉美朋友,一起怀念皮斯科和印加可乐。我回国度过了一场奇热无比的假日,夏日结束,生日当天登机返英,在飞机上回顾博士的论文设计。在那一刻,因为时差将会是最漫长的生日当天,我知道再无法以原来的方式继续下去了。下了飞机,我申请改变研究方向,导师觉得按时毕业已无希望。我决定去国际组织,以观察性参与方式,完成新的论文。之前一直犹豫,在政治学里做民族志,在人类学里研究政治精英，会落到自我边缘的田地，而从现场离开后，我像上了瘾，想要时刻回到现场的参与，也对公众视野里认为的"掌权之人"的孤立脆弱有了更深的理解。我少了那种要属于什么学科的纠结，也不会在海外介入面前有"知识分子型的迟疑"了。

秘鲁笔记被我束之高阁，只有每次搬家的时候，我才会再次见到那个泛黄的文件夹。我一度想过烧掉它，感觉受了文本的骗，白白费了工夫。文字知识和行动之间，似乎有不可弥合的裂痕，我深深怀疑，边缘的知识生产者，是否还能进行有效的参与。后来读到日本政治学者丸山真男（Masao Maruyama）[1]、韩国历史学家白永瑞（Baik Young-Seo）[2]，有点醒悟，不再因为这个问题烦恼。从他们身上看到，面对实践参与和知识生产的张力，就意味着保持时刻的紧张。表面上"严守中立"也是政治立场和实践表达。丸山把沦落为意识形态或是回到书斋的学术斥为不负责任。认识过程无限，就要求我们在某一时段切断，做出决断，

---

[1] 丸山真男（1914—1996），日本政治思想家，著有《日本政治思想史研究》（生活·读书·新知三联书店，2000）、《现代政治的思想与行动》（商务印书馆，2018）等，他的思想被称作"丸山政治学"。

[2] 白永瑞（1952—），韩国延世大学历史学教授，《创作与批评》的主编，著有《思想东亚：朝鲜半岛视角的历史与实践》（生活·读书·新知三联书店，2011）等。

才能产生行动。知识分子自认边缘，保持和外界交流，打破自我固化，正是身处边缘，才有刺破和流动的可能。知识的意义，便是打破边界，串联遥远的场域，生出最为意想不到和匪夷所思的事物。从此以后，秘鲁笔记和马丘比丘纪念品放在一块，作为一场经验的象征，但"秘鲁问题"没有消失，它一直是我看待海外参与的原点：如果对行动不迟疑了，那么要以怎样的方法参与？

一旦真正进入参与的场域，我仍觉得束手束脚。我们不是"西方国家"或"北方国家"，这里说西方和北方，不是纯粹的地域概念，而是等级秩序中居高临下的一方。对他国制度，我没有经验，没有机构加持，更不想重复让自己厌恶的殖民者架势。世界革命年代远去之后，普世的呼吁和口号变得单一，以"民主和自由"介入当地的话语早已陷入危机，况且那也不是我所能动用的思想资源。除了凌驾的意识形态之外，还要有自信的精英身份。"芝加哥男孩"（Chicago Boys）、"伯克利黑帮"（Berkeley Mafia）[1]，是冷战时期

---

[1] "芝加哥男孩"是1970到1980年代和芝加哥大学关联的智利经济学家圈子，他们在皮诺切特治下官居要职，在智利推行了放松管制和私有化的自由主义经济政策。"伯克利黑帮"是1960年代在伯克利大学受到训练的印尼经济学家圈子，在苏哈托"新秩序"中推行自由主义的经济政策，同时开启美国与印尼长期的合作关系。

从海外回到本土改革的先例，但他们自命不凡，手握认作是真理的思想工具。当今海外咨询公司或国际组织的会议中，年轻雇员天生的胸有成竹也总让我吃惊。前一晚的检索，临时搭建的主意策划，精巧地包装在"尊重本土道路"的话语中。

要是放弃居高临下和精英立场，以"南方国家"的团结和第三世界的想象作为行动的基础呢？问题是，"南方国家"自己相信"南方"的概念吗？第三世界的身份脆弱模糊，南方的心态不是创造新的世界，而是成为"北方"，快速成为现代化国家的一员，团结成了空洞的口号。我不是当地一员，无法自我催眠，沉浸在浪漫的共同体想象中，真以为短暂停留的共情能穿越种族和国家的界限。

进退两难之中，我们又不得不做出反应。中国人的出现，已被默认是某种参与介入的发生，无论这是真实投射还是当地想象。我不吃惊中国意象在世界各地的涌现，但它以介入者的身份出现，还是让我不知所措。无论意愿如何，我们已是被想象成四处播散参与的力量了，有意无意都需要做出回应。跨出国界寻求参与，面对意识形态匮乏的惆怅。除了赤裸的利益纠葛，还能以什么方式，产生跨地的精神串联？

奋力为跨国参与寻找意识形态的依据，究其原因，是主权意识的盛行。把参与视作需要正名的行为，可能就是问题所在。看一眼二战前的全球串联，我便深深感到，国家和区域的界线是当代的藩篱。1899年，孙中山在日本见到菲律宾革命者彭西（Mariano Ponce）[1]，两人聊得投机，孙中山立即在日本帮菲律宾独立武装购买军火，不幸运送船只遇台风沉没。1910年，日朝条约后，朝鲜独立运动者流亡到中国，加入中国革命和反日活动，把泛亚抵抗视作一体的反殖民运动，志士尹奉吉（Yun Bong-gil）[2]实施了虹口公园爆炸案，炸死日军上海占领军总司令白川义则。1915年，印度革命家罗易（Manabendra Nath Roy）[3]在中国见过孙中山，后前往墨西哥创立苏联外的第一个共产党组织，1927年，罗易又作为共产国际代表抵达中国，协助中国共产党的土地改革。读到这些记录时，鲜见

---

[1] 彭西（1863—1918），菲律宾医生、作家和革命者，1898年起任菲律宾第一共和国驻日本代表。与孙中山在日本相遇，运送军械一事可见Anderson, Benedict. *Under Three Flags: Anarchism and the Anti-colonial Imagination*. Verso, 2005. pp219-222.

[2] 尹奉吉（1908—1932），韩国独立运动家，1930年流亡中国，加入大韩民国临时政府，1932年执行上海虹口公园爆炸案后，被捕并被枪决。

[3] 马纳本德·纳特·罗易（1887—1954），印度革命家和理论家，在墨西哥、印度和中国积极参与过共产主义革命。二战期间成立激进民主党（Radical Democracy Party），主张和英国及同盟国合作争取二战胜利和印度独立。

"他国"或是"本土"的纠结,世界理所当然是一个整体,凡是进步运动都要力所能及地卷入。

要是没有解放世界的精神意志,有机嬗变的国际主义就显得急迫了。从这个意义上说,秘鲁的启发,不是认识的革命,而是方法的转变。如果不抱着传播意识形态目的,摒弃精英主义立场,又不想退回孤立守旧的民族主义,我必须率先把穿越边界的行为视作是自然的,作为与生俱来的权利,丢弃负罪或是胆怯的禁锢,打破事实上确立不久的边界。同时,又要树立另一种新的边界意识,警惕挟持"真理"介入他者生活的冲动,永远做好徒劳无功和打道回府的准备,对价值取向和行动准则做出调整和颠覆,不回避做出决断。

而审时度势、把握分寸的前提,就是进入现场。

现场,不是抵达了就自然存在的地方。要花费气力,决定参与,认识参与的局限,现场才会出现。我称之为"现场主义",或者说,要造出现场来。现场,到底意味着什么?它仅为我们的判断提供背书,以示到过那里吗?如果把现场作为"来过",成为举证的部分,它又退回到了文本世界的注脚。真正的现场,不会拉警戒线,把观察者和当事人分开,有界限之处,不过是事发后的痕迹。那种把自己列为旁观者、保持距离的手段，无异于退出现场。

现场是经验的全现，经验包裹的世界，全景式的浸入。首先，它悬置了定论和判断，在现场难下定论。秘鲁之行后，我遇到最多的问题是，"所以，总统托莱多到底是什么样的人呢？"我无法给出一针见血的答案。出行前，尚可从文献中抽取被认作公允的评价，但真正跟一个人相处时，该怎么把他归纳到形容词和标签上？热血地去现场寻找真相，只会进入经验的迷雾；失去耐心和勇气的时候，想要简化答案，才会带着明确的"真相"离开。现场，营造意识氛围的诞生，周围的一切，重新进入视野和感知范畴。它反对凝视，反对真相和确切的语气。

总而言之，它有一种抵抗书写的怪力。

拒绝判断和书写的同时，现场督促随时的行动。它要求人在没有足够信息、下判断的犹豫时刻，决定自己的行动。先把事情弄清楚，再采取对策的方式，在政治经验生活里行不通。试验，即兴，成为必要的方法。我记得一句旁人的评价：你们"知识分子"（他无疑把这个词作为贬义），为什么总想把事情弄清楚了再行动呢？行动作为必要，这样一来，现场不让人落入安全的经验主义，凡事依照经验出发而面对新景象规避行动的本能，亦不可用。

事情的全貌往往是逐渐在现场的行动中绽放。

人类学入门教导说，avoid going native，不要成为本地人。过多卷入，让观察者失去客观性，所以要保持一定的距离。这句警示，让我想起来康拉德的《黑暗之心》，在刚果丛林生活多年的象牙商人库尔兹，在死前呼出，可怕！可怕！对陷落和沉沦的惊恐，是奇怪的自恋情结。我们没有那么容易成为本地人，况且，纯粹的"本土"已不复存在。在现场，going native 都是不够的，外来的人，要用尽自己的边缘和中间性，来回地在不同身份空间里穿梭。人类学讲的"参与性观察"，将被"观察性参与"取代，因为行动取代观察，成为第一性的回应。

行动是没有终点的。它不像文本，有头有尾，有起承转合。它会以奇怪的方式延续，经久不息，直到生命终止，精神意志耗尽。2019年加西亚自杀，2021年巴西总统卢拉（Luiz Inácio Lula da Silva）[1]重回政坛，我和田麒感叹，拉美政要都是一生志业（life-long career），直到心脏停止跳动。对于我个人，拉美一次

---

[1] 路易斯·伊纳西奥·卢拉·达席尔瓦（1945—），巴西政治家，2003—2010年任巴西总统，巴西历史上第一位工人出身的总统，受"洗车行动"牵连，2017—2019年前后被判有贪腐罪。2021年3月，巴西最高法院裁决之前的判决无效，卢拉重新获得注册总统选举的资格。

又一次，以新的事件，进入我的生活。2019年1月，委内瑞拉爆发政治危机，曾经对我说出"等卷入了拉美的政治，你才能领教真正的魔幻现实主义"的玛丽亚，在深夜十二点半给我打电话。总算来了，她说，明天一大早，我们需要见一面。我知道，她家是查韦斯当权后移民德国的委内瑞拉家族。一个多月后，我交上博士论文的第二天，登上了飞往哥伦比亚的飞机。波哥大那时候已经成为委内瑞拉危机的前线。不过，那不是这本书能一概而论的内容了。

我原来看书从来都是掐头去尾，跳过序和后记。做研究时，开始偷懒，看书只看绪论和总结，但无论如何，也不曾想写下这么啰唆的前言和后记。它还没有完。学术写作诸多的繁文缛节中，我唯独对致谢部分保持一贯的喜好，不是礼节问题，而是说，写作接近结束的那一刻，方能意识到作者的非个体感。文本不过是一种与他人发生关系和纠缠的方式了，任何创作都是共同协作。我在此感谢牛津大学的政治系和拉美研究中心，它们为我对世界的关怀提供了首要入口。感谢单读的编辑吴琦、丹妮和刘婧，好友姚卉，他们的鼓励和认可让我坚持写下去。父母的理解至关重要，感谢他们一直以来忍受我的心血来潮和喋喋不休。托莱多夫妇对于一个迷失的博士生的热心和招待，让我怀念至今。我希望他们能走出人生晚年的危机。田麒让这本书成为可能，说到我们两个人，我想起王尔德《不可儿戏》里的一段话，"女人在互称姐妹之前，会用各种字眼来称呼对方"（Women only call each other sister when they have called each other a lot of other things first）。我想这里没有性别之分，友谊将会以某种方式，在混乱的本相中找到自己的位置，正如莫名出现在一场秘鲁选举中的两个中国人。

图书在版编目（CIP）数据

利马之梦：晓宇的拉美笔记 / 吕晓宇著 . -- 上海：上海文艺出版社，2021
（2022.9 重印）
ISBN 978-7-5321-8029-5

Ⅰ．①利… Ⅱ．①吕… Ⅲ．①游记 - 作品集 - 中国 - 当代 Ⅳ．① I267.4

中国版本图书馆 CIP 数据核字 (2021) 第 136109 号

发 行 人：毕　胜
责任编辑：肖海鸥
特约编辑：刘　婧　罗丹妮
书籍设计：李政坷
内文制作：李政坷　李俊红

书 名：利马之梦：晓宇的拉美笔记
作 者：吕晓宇
出 版：上海世纪出版集团 上海文艺出版社
地 址：上海市闵行区号景路 159 弄 A 座 2 楼　201101
发 行：上海文艺出版社发行中心
　　　　上海市闵行区号景路 159 弄 A 座 2 楼 206 室　201101　www.ewen.co
印 刷：山东临沂新华印刷物流集团有限责任公司
开 本：850×1092mm 1/32
印 张：6.75
插 页：16
字 数：100 千字
图 片：15 幅
印 次：2021 年 8 月第 1 版　2022 年 9 月第 3 次印刷
ISBN：978-7-5321-8029-5/D.012
定 价：42.00 元

告读者：如发现印装质量问题，影响阅读，请与出版社发行部门联系调换。